21 世纪普通高校民航类专业规划教材

U0795839

空港值机工作实务

主　编　姬字君　鞠　萍　黄劲松
副主编　薛祖梅　蒋　琳　何　洁
　　　　贾婧文　郑香玉　商松岩

北京航空航天大学出版社

内 容 简 介

进入21世纪以来，中国航空客运实现了快速发展，运输能力和国际地位显著提升。目前，中国经济处于平稳发展时期，中国经济的持续发展，将促进航空客运市场需求的增加。航空客运市场潜力较大，因此中国民航业急需一些航空客运方面的中、高级技能型人才，而中等职业学校正是填补这一空缺的有力后盾。目前中等职业学校中的航空服务、空中乘务、民航运输等专业都已经顺应行业需求开设了民航值机相关课程。《空港值机工作实务》引入民航值机理论的研究成果以及国内外民航值机的实践创新经验，结合中国航空客运的发展情况，介绍空港值机工作的理论与实践。

本书可作为中等职业学校航空服务专业、空中乘务专业和民航运输专业的教材。

图书在版编目(CIP)数据

空港值机工作实务 / 姬字君，鞠萍，黄劲松主编
. -- 北京 ：北京航空航天大学出版社，2014.7
ISBN 978-7-5124-1433-4

Ⅰ.①空… Ⅱ.①姬… ②鞠… ③黄… Ⅲ.①民用航空—机场—业务—中等专业学校—教材 Ⅳ.①F560.81

中国版本图书馆CIP数据核字(2014)第126758号

版权所有，侵权必究。

空港值机工作实务

主　编　姬字君　鞠　萍　黄劲松
副主编　薛祖梅　蒋　琳　何　洁
　　　　贾婧文　郑香玉　商松岩
责任编辑　周华玲

*

北京航空航天大学出版社出版发行
北京市海淀区学院路37号(邮编100191)　http://www.buaapress.com.cn
发行部电话：(010)82317024　传真：(010)82328026
读者信箱：bhpress@263.net　邮购电话：(010)82316524
北京建宏印刷有限公司印装　各地书店经销

*

开本：710×1 000　1/16　印张：5.5　字数：117千字
2014年7月第1版　2021年1月第7次印刷
ISBN 978-7-5124-1433-4　定价：18.00元

若本书有倒页、脱页、缺页等印装质量问题，请与本社发行部联系调换。联系电话：(010)82317024

前　言

伴随着我国航空事业的快速发展，值机工作在航空服务业中的地位越来越重要。特别是进入21世纪，随着航空服务市场的开放和改革的深入，急需具备一定职业判断能力和动手能力的中、高级空港值机人才。为了满足中等职业教育对应用型人才的培养目标要求，我们组织了一批在教学一线从事空港值机理论教学和空港值机模拟实验教学的经验丰富的优秀教师，深入行业企业，与工作在值机岗位的一线人员一起，吸取和借鉴其他版本教材的成功经验，以职业分析为依据，以岗位需求为基本，以培养管理、服务一线的应用型人才为宗旨，合作编写了适合中等职业教育航空服务专业的《空港值机工作实务》。

《空港值机工作实务》以坚实的理论知识为基础，以岗位工作任务为依据，与现有其他版本的教材相比，具有鲜明的特色：

首先，突出了实用性。根据学校教学和企业岗位的需求，补充了许多空港值机的专业知识，使内容更加完善。根据民航客运员国家职业技能标准的相关要求，结合值机工作实际，调整了结构和内容。本着"学以致用"的原则，设置了社会实践环节，突出了对学生实践能力的培养。

其次，突出了可读性。在编写上，力求文字表达通俗易懂，降低学习难度。在栏目设置上，充分考虑学生的认知规律，设置"学习目标"、"案例导读"、"思考题"、"案例分析题"和"社会实践题"等栏目，以激发学生的学习兴趣。

最后，突出了先进性。本书的编写紧密结合学校教学改革实践，融入了先进的教学理念和教学方法，如案例教学、任务驱动教学等。同时在书中尽可能多地体现值机工作中的新理念、新知识和新方法。

本书由北京市新媒体技师学院姬宇君、鞠萍和黄劲松任主编，薛祖梅、蒋琳、何洁、贾婧文、郑香玉、商松岩任副主编，具体分工如下：第一章由鞠萍、贾婧文编写，第二章由姬宇君、蒋琳编写，第三章由黄劲松、薛祖梅编写，第四章由何洁、郑香玉编写，第五章由商松岩编写。

本书在编写过程中，得到了中国民航管理干部学院经济管理系于爱慧副教授的大力支持与帮助；企业专家于洁为本书的编写、出版做了大量辛勤的工作，耐心地给予了极大的指导与鼓励，在此，一并向他们表示由衷的感谢。

由于时间仓促，水平有限，书中难免有不当之处，敬请读者批评指正。

姬宇君

2014 年 6 月于北京

目　　录

第一章　绪　　论

学习目标

1. 掌握值机的概念与性质。
2. 了解值机服务的程序。
3. 了解值机业务发展的新动态。
4. 了解值机服务时间的规定，熟悉值机服务柜台、登机牌和行李条的规定。
5. 掌握值机员的工作内容和职责，了解值机员应该具备的专业素质。

案例导读

小张的问题出在哪里？

值机员小张正在开放柜台为要客办理行李托运手续，此时一名旅客来到柜台，没有排队便直接询问小张是否在此办理手续，小张随即问他是去哪里，旅客回答去兰州。但当日只有HU7653一个航班是飞往兰州的，起飞时间为12点50分，当时已经截止办理乘机手续了，但小张并没有意识到这是晚到旅客，他对旅客说："您稍等一会。"小张办理完要客行李托运后，立即询问配载是否可以加上该旅客，配载回答来不及，已经加不上了。此时时间为12点34分。小张告诉旅客走不了了，并指引旅客到海航售票处办理退票改签手续。

旅客到售票处得知需收退票费后感到不满，又找回值机柜台。小张只好将主任请到值机柜台，主任经与海航协调免收退票费后，旅客才离开。

问题：

1. 小张在值机工作中存在哪些问题？
2. 小张应如何改进工作？

第一节　值机服务基础知识

一、值机概述

（一）值机的定义、工作内容及在民航旅客运输中的位置

值机是为旅客办理乘机手续、接收旅客托运行李等旅客服务工作的总称，是民航

旅客地面服务的一个重要组成部分，同时也是民航运输生产的一个关键性环节。其工作内容包括换登机牌、收运旅客的托运行李、安排旅客的座位、行李统计、配载、登机、放行等一系列工作。

值机属于民航旅客运输的一个业务环节。民航旅客运输总体上划分为客票销售、地面服务、空中运输三大部门。在民航旅客运输过程中，值机是在客票销售完成之后、空中运输开始之前一道极为重要的工序，是地面服务部门一个重要的业务岗位。图 1－1 可以粗略说明值机在整个民航旅客运输过程中的位置。其中，市场开拓和客票销售属于客票销售部门，通常由航空公司、机场或代理人负责承办。值机、安检和到达服务属于地面服务部门，除了安检由机场专职负责之外，值机和到达服务可以由航空公司或机场承办。空中运输由航空公司负责承办，地面运输通常由机场集团或市交通局下属的机场巴士公司经营。

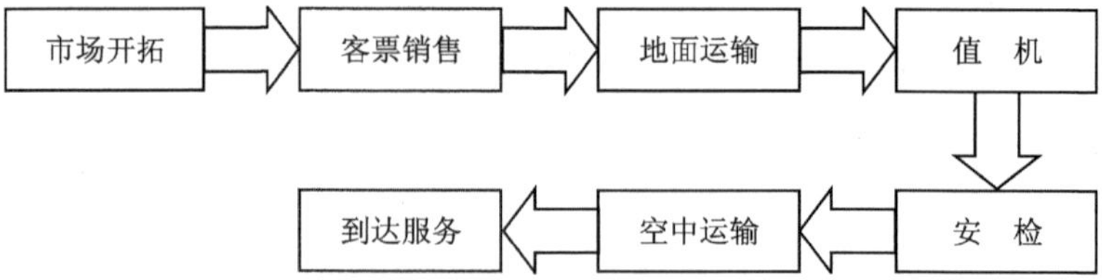

图 1－1　民航运输服务流程

（二）值机工作的性质

航空运输业在经济学中被划分为第三产业，具有三个特征：

① 生产无形的服务产品——旅客（货物）的位移服务。

② 产品生产过程与消费过程的同一性。

③ 产品不可贮存性。

以上特点决定了航空运输业必然具有淡旺季之分。值机作为民航旅客运输的一个业务部门，是为生产旅客位移服务产品提供辅助性支持的，即无形的服务产品——值机服务，具有产品无形性、生产与消费过程的同一性和产品不可贮存性等所有第三产业的共性。另外，值机工作还有一个特性，即相对于配载、航班运行管理、货物运输、机务等部门，值机工作是直接面向旅客的服务过程，具有“窗口”性。因此，热情周到地为旅客服务，快速高效地为旅客办理乘机手续，尽最大可能满足旅客各方面的需要是值机工作的内在要求。

（三）值机工作的重要性

值机工作在整个民航旅客运输流程中扮演着重要角色，主要体现在以下几方面：

1. 值机工作人员的自身素质影响旅客对航空公司的认知

值机工作人员自身的素质如精神面貌、形象仪表、业务水平、服务态度等，直接影响航空公司的公众形象和商业信誉及旅客对航空公司的认知。调查显示，服务人员整洁大方的仪表、热情周到的服务态度，会使旅客有如沐春风的感觉，对航空公司产生良好的第一印象；工作人员丰富的专业知识、娴熟的业务技能往往能增强旅客的信心，使他觉得乘坐这家公司的航班有安全感。在市场竞争日趋激烈的现代民航运输业，航空公司之间的竞争归根结底是服务的竞争，赢得了旅客的心就意味着获得了更多的市场份额，旅客对航空公司的认知和评价直接影响旅客对航空公司的忠诚度，进而影响到航空公司的市场竞争能力。

2. 值机工作的好坏影响航空运输的快速性

速度快是航空运输的主要优势之一。航空运输的快速性要靠航班准点起飞、及时中转、按期到达来保证。在竞争激烈的现代民航运输业，航班的正点率日益成为影响旅客对航空公司的认知度及影响航空公司竞争力的重要因素。而这一切有赖于优质的值机工作。如果值机环节发生差错，航班的正点率就要受到影响，航空运输的快速性就不能保证。比如，值机员在办理乘机手续时，没有仔细检查旅客的客票，导致旅客错乘，就可能会导致飞机延误或返航；值机员发错登机牌或漏撕乘机联，也可能会造成航班延误。所以，良好的值机工作是发挥航空运输快速性的必要条件之一。

3. 值机工作的好坏影响飞行安全

值机工作的好坏会从两个方面影响飞行安全：

(1) 值机报载的准确性影响配载的准确性，进而影响飞行安全

值机员在办完一个航班的所有手续后，要向配载部门报载。如果值机员对旅客的人数、行李的件数、重量统计不准确，就有可能造成航班载量不均衡以及航班配载后的重心偏前或偏后，这样会给飞机的起降带来危险，升空以后也会影响到飞机的操纵。如果航班超载，后果更是不堪设想。

(2) 对乘机人员、行李把关不严影响航班安全

值机员是对乘机人员和行李检查的第一道关口。在办理乘机手续时，应认真检查旅客的身份证件，防止假冒旅客登机。除此之外，还要注意观察旅客的言行举止，防止精神病患者、醉酒旅客登机。对于旅客的托运行李，值机员一方面应注意检查行李的包装是否符合要求，另一方面也要配合安检人员对行李内物进行检查，防止旅客夹带危险品蒙混过关。

(四) 值机业务发展的新动态

随着民航业竞争的加剧，航空公司开始将重心转向为旅客提供人性化的优质服务，同时互联网技术的高速发展和国际航空运输协会(以下简称国际航协)“简化商务”计划的推行，也为新的值机业务模式的产生提供了技术支持。21 世纪，共有三种新的值机业务模式值得我们关注，分别是开放式值机、城市式值机和自助式值机。

1. 开放式值机

开放式值机，即不需要等到飞机起飞前 90 分钟再办乘机手续，可以在航班系统开放后随到随办，到达候机厅后也不需要寻找所乘航班的特定柜台，可以在承运航空公司柜台区域内任何一个柜台办理手续的一种新的值机业务模式。

首次推行开放式值机业务的国内航空公司是国航。早在2001年初国航就已经开始试行开放式值机。据介绍，实行全开放柜台值机服务以前，每天在首都机场因掐着点赶到机场办理乘机手续，最终误了航班的旅客，仅国航一家，就有100人，多的时候近200人；实行全开放柜台值机服务后，国航每天这样的晚到旅客人数已降至3～5人。

从2005年8月1日开始，深航深圳出港航班实施全方位开放式值机。实施开放式值机后，旅客一是不需要等到飞机起飞前90分钟再办手续，可以随到随办；二是到达候机厅后不需要寻找所乘航班的特定柜台，可以在深航柜台区域内任何一个柜台办理手续；三是不需要在柜台前排很长的队伍，可以分散到多个柜台办理手续以节约时间。对于航空公司来讲，实施开放式值机，可以节约部分值机柜台，在一定程度上降低了航班保障成本。实行开放式值机，还可直接进行安检。过去，航班办理乘机手续的时间比较集中，高峰期往往会造成旅客过安检时出现排长队现象。现在，旅客乘机手续随到随办，安检也可以随到随检，安检员的压力轻多了。

目前，几乎所有的大型机场都推行了开放式值机。

2. 城市式值机

所谓城市式值机，是指无须在机场候机厅内，而是在航空公司的市内值机柜台即可办理乘机手续的一种新的值机业务模式。

南航北方分公司营业部于2005年首推沈阳市内城市式值机业务。此项举措旨在将市内购票与值机服务一体化，进一步简化出行手续，以优质服务赢得更多的商务旅客。据介绍，凡在南航北方分公司营业部各直属售票处购票且乘坐南航沈阳始发国内航班、无托运行李的旅客均可享受市内值机服务(特殊服务旅客除外)。手续办理的截止时间为航班起飞前90分钟，旅客只需在航班起飞前30分钟抵达机场乘机即可。

3. 自助式值机

自助式值机是国际航协“简化商务”计划的一部分，是指旅客无需到机场人工值机柜台排队办理乘机手续，直接到机场的自助值机柜台或登录航空公司网站自行办理乘机手续的一种新的值机业务模式。

2005年南方航空公司在广州白云机场首次推出机场自助值机，2006年又开通了国内首家网上自助值机服务。

目前航空公司对机场自助式值机的一般规定是：

① 航班起飞前120分钟开始办理乘机手续，航班起飞前30分钟停止办理。

② 仅限无托运行李的旅客。

③ 重要旅客、有托运行李的旅客和特殊旅客(婴儿、孕妇、轮椅旅客、担架旅客、无成人陪伴儿童等)到人工柜台办理。

目前，航空公司对网上自助值机的一般规定是：

① 航班起飞前1～12小时登录航空公司网站办理乘机手续。

② 网上不办理行李托运手续，旅客若有行李托运，必须提前1小时到机场人工值机柜台办理托运。

③ 没有办理行李托运的旅客需在飞机起飞前30分钟到达飞机闸口。

除了以上两种自助值机模式外，南方航空公司还与中国移动合作，推出了手机自助办理乘机手续和短信办理登机手续的业务。总之，随着电子客票的普遍推行，越来越多的旅客将会选择自助式值机办理乘机手续。

二、值机服务的程序

① 起立微笑问候旅客。

② 请旅客出示旅行证件；注意检查旅客姓名、目的地、旅行证件符合性、机票有效期、航班号、舱位、旅行日期、签转/限制。

③ 检查旅客的旅行证件、机票与电脑系统中名字是否一致。

④ 告知旅客行李安全规定。

⑤ 检查旅客手提行李及托运行李是否超重。如果超重，须告知旅客费用总额。

⑥ 检查旅行证件、签证是否符合目的地、转机点要求。

⑦ 检查旅客联程信息是否符合承运规定。

⑧ 询问旅客座位需求。

⑨ 将旅客信息录入到操作系统中。

⑩ 打印登机牌、行李条。

⑪ 将行李条及行李特殊标识拴挂到旅客行李上。

⑫ 起立将登机牌、旅行证件和行李票交还旅客。再次确认旅客托运行李件数及目的地，并告知旅客登机时间和登机口号。

⑬ 与旅客道别，指明登机口方向。

三、值机服务的时间规定

承运人规定的停止办理乘机手续的时间，应以适当方式告知旅客。通常关闭值机柜台的时间为航班规定离站前30～60分钟，目前部分机场由于安全检查级别上升，旅客安检时间较以前大幅增加，为确保旅客的准点出行率，值机关闭时间调整为航班起飞前45～60分钟。

经常外出的人都知道，坐火车可以在火车发车前几分钟通过检票口进站上车，但为什么乘飞机要在航班起飞前30分钟结束办理乘机手续呢？原因有以下几点：

第一，根据民航有关规定，民航班期时刻表向旅客公布的起飞时间系指机场地面保障工作完毕，飞机关上客、货舱门的时间，而不是飞机离地升空的时间。离地升空的时间与航班公布的时间差在15分钟之内均为正点起飞。

第二，停止办理乘机手续到关机门期间，机场工作人员有以下工作要做：

① 值机、配载人员要结算旅客人数、行李件数，结合货物装运情况计算飞机载

重，画出平衡表及飞机重心位置，做好舱单后送交机组签字，这些工作大约需要15分钟。

② 在进行上述工作的同时，登机口进行广播通知旅客开始登机，工作人员要核对登机牌、清点人数、录入旅客登机信息；旅客上飞机后，乘务员要再次清点人数，防止漏乘；然后进行飞机起飞前的准备工作，给旅客讲解有关注意事项和机上设备的使用方法，检查行李架上的行李是否放好、旅客的安全带是否系好等工作；搬运队还要往货舱内装行李、货物。以上工作虽是同步进行的，但全部完成则需要30分钟。因此，从停止办理乘机手续到关机门，这期间民航方面须做大量的工作，稍有延迟，就可能造成航班延误。

③ 飞机关好舱门滑行到跑道起始点，等待机场或空中交通管制人员的放飞指令，这大约需要10分钟。

基于以上原因，旅客应当在承运人规定的时限内到达机场，凭客票及本人有效旅行证件按时办理客票查验、托运行李、领取登机牌等乘机手续。值机人员应该按时开放值机柜台，一般规定200座以上的机型，在航班计划起飞前120分钟开台；200座以下的，提前90分钟开台；100座以下的，提前60分钟开台。

承运人应按时开放值机柜台，按规定快速、准确地为旅客办理值机手续。

四、值机服务柜台的种类

为了提高值机服务的速度和效率，各机场或航空公司可以根据自己公司所拥有的值机柜台数量进行合理分类。分类需要根据本地区、本企业的旅客情况进行具体分析，分类的目的是保证值机柜台的服务品质和办理速度。通常值机服务柜台有如下几种：

（一）高舱位旅客柜台

乘坐头等舱、公务舱的旅客，VIP、CIP及持有本航空或联盟航空会员卡（达到指定级别）的旅客，可以在此柜台办理值机手续。为体现高舱位旅客的尊贵感，通常此柜台排队旅客较少，同时摆放地毯、鲜花、糖果等物品区别于其他柜台，在这里客人将享受到与众不同的便捷或无缝隙的一条龙服务。

（二）普通旅客柜台

任何旅客在指定的普通值机柜台都可以办理值机手续，行李较多的旅客应提早办理托运手续，以免耽误行程。

（三）会员柜台

此柜台为通过各航空公司特别会员服务方式订票的旅客提供在机场的取票服务，或提供大客户贵宾的乘机优质服务，还为旅客办理各航空公司俱乐部的现场入会手续，为持有会员卡的旅客提供查询旅程、旅程补登、制卡等服务。

（四）特殊旅客柜台

此柜台专为晚到的旅客、有特殊需要的旅客(如无人陪伴的儿童、孕妇、伤病旅客等)提供方便、快捷的服务，尽可能满足每一位旅客的合理特殊要求(注：晚到旅客应在保证航班正点的情况下方可办理乘机手续)。

（五）团体旅客柜台

此柜台专门为团体旅客办理值机手续服务。

五、登机牌

登机牌(boarding pass/boarding card)是机场为乘坐航班的乘客提供的登机凭证，乘客必须在提供有效机票和有效的旅行证件后才能获得，也有人称之为登机牌或登机卡。20 世纪 80 年代之前，我国使用的登机证印制十分简单，多为手工填写和加盖橡皮戳记。常见的登机牌绝大多数为硬纸卡，大小形状不一，1997 年后国内统一使用长方形，约 80 mm 宽、200 mm 长的登机牌，正面印有机场、航空公司或民航机构的名称和徽记，以及可供填写乘机人姓名、航班号、航班起讫站、座位号、舱位等级、日期与登机时间、登机口等内容之处，部分登机牌还注明允许吸烟航班或禁烟航班的标志。随着电脑技术的广泛应用，现在所有机场或航空公司都采用电脑打印。近年来，登机牌的印制更加精美，背面还出现了不少广告内容，成为引人入胜的集藏品种。2009 年 4 月 8 日，中国南航和中国移动合作，在国内率先推出了电子登机牌服务。如今，登机牌已采用国际通用的英文单式，图案更加丰富多彩。

发放登机牌的目的：

① 告知旅客航班号；

② 告知旅客座位号、舱位等级；

③ 作为安全凭证使旅客可以进入国内、国际隔离区，并可以登机；

④ 显示里程卡录入信息；

⑤ 登机口回收，用于计算登机人数；

⑥ 告知旅客登机口号码和登机时间；

⑦ 告知旅客座位区域(如吸烟区或非吸烟区)。

六、行李条

行李条是为了识别行李的归属，用各种材质做的带有编号、字母、条形码等标识的牌子，作为旅客领取行李的凭证。用在行李箱包上时，可提醒旅客不要拿错，并便于在大量行李中快速找到自己的行李，即使行李丢失也可以方便机场工作人员查询，帮助寻找。

行李条所包含的内容：旅客姓名、航班信息、每个航段对应日期和目的地、行李条号码、值机员工的工作号和条形码。

免责行李条：对于正常的行李破损各航空公司都会给予一定的赔偿，但是对于旅客签免责的易碎托运物品行李，航空公司是不给予赔偿的。给这类行李所贴的行李条，叫免责行李条。

在接收以下行李时使用免责行李条：易碎物品、易腐物品、不可随身带入机舱的物品、包装不良（不符合运输要求）的行李、晚到的行李、破损行李（在免责行李条上标注清楚行李破损部位）。

免责行李条在使用时，应注意以下几点：只允许转机 1 次；需在免责条中找出该物品所对应的项并用 X 标记指出；旅客必须在此行李条上签字。

第二节　值机员的工作内容及职责

一、值机员的工作内容

值机是民航的重要工种之一，英文为 check in。值机的业务工作贯穿于旅客进港、出港和中转流程的始终，为旅客及其行李提供相应的地面服务。

值机员是指在航空公司中根据计算机 CKI 系统设置的或载重平衡员提供的客舱座位分布方案，安排旅客座位，发放登机牌，收运旅客行李的地面工作人员，在航班起飞前，及时准确统计航班旅客、行李数据，准时关闭航班。

值机工作所有的工作流程都靠硬件操作，仅仅是开展工作并不难，假设值机工作是一架钢琴，那么乘客就是琴键，谁都能敲出声音，可要奏出和谐美妙的乐曲却是需要智慧和修炼的。衡量值机员水平的标准就是是否能够处理好工作中的特殊情况，如何去通过自己的本领为旅客服务。航空公司秉持低成本、多渠道赢利路线，因此，增加企业辅助收入便成为值机员的使命。在值机员的工作中就体现在乘客快登机和行李逾重费用的收取上。地面服务工作中大多都是平凡的小事，要细心真心，在保证公司利益的前提下诚心为旅客着想。

二、值机员的职责

（一）工作职责

1. 总体工作职责

（1）保障航班的安全与准时

表面看，值机员的工作都是在为旅客提供空港地面服务，保障航班的正点出港显得非常重要，而其要担负的安全职责则往往会被忽略。其实，每一名民航从业人员所担负的航空安全责任都是重于泰山的。

（2）民用航空安全，主要是指飞行安全和空防安全

飞行安全在国际上普遍称之为航飞安全，英语为 aviation safety，它所涉及的是与航空器飞行相关的客观因素；而空防安全，英语为 aviation security，它所涉及的是

与民用航空安全相关的人的主观因素。因某些人为了政治、经济或其他的组织或个人目的，人为地非法扰乱民用航空秩序，破坏航空设施，危害民用航空安全的问题，如果要给"空防安全"明确下个定义，那么我们今天所说的空防安全，即为了有效预防和制止人为的非法干扰民用航空的犯罪与行为，保证民用航空活动安全、正常、高效运行所进行的计划、组织、指挥、协调、控制，以及所采取的法律规范的总和。

由此可以看出，片面地认为值机员只需要为旅客提供空港地面服务的看法是不对的，安全才是一切工作能够顺利开展的根本，这也是每一名民航从业人员需要牢记在心的重中之重。

2. 具体工作职责

① 旅客座位预置；

② 核查旅行证件是否符合出境、过境、入境要求；

③ 按照航空公司规定正确接收旅客；

④ 通报各联检单位、相关部门航班出港数据；

⑤ 登机服务。

（二）岗位职责

值机员是航空公司送旅客出行的最后一个地面工作人员，他们每天要直接面对面地服务千百位旅客。值机员们缺少空中乘务员的靓丽和风光，也没有飞行员那样潇洒和显眼，但他们的工作同样重要：

① 负责为旅客提供值机、候机服务工作；

② 负责为旅客托运行李、安排座位等，满足旅客合理的需要；

③ 提供接机、登机、问询等旅客服务工作；

④ 航班延误时，处理旅客问题等。

第三节　值机员具备的专业素质

随着世界航空网络的建成和不断完善，民航值机工作也变得越来越国际化。民航值机员要接待来自世界各地、形形色色的旅客，有时这些旅客中还混杂着危险分子、偷渡嫌疑人等。这就要求我们的民航值机员既要具备专业的知识和技能去应对工作中的各种情况，也要不断接受专业的培训和训练去完善自身的适应能力。

此外，一名合格的值机员除要承担好自身工作的职责外，还需要具备多方面高水平的专业素质。值机员的专业素养，分为以下几个方面：

一、一般综合素养

（一）广泛的文化基础知识

指良好的外语水平及广泛的世界人文知识。值机员的工作要面向来自全世界的各个国家的旅客,良好的外语水平有助于和旅客的深入沟通;对世界上各国民俗习惯的熟悉,有助于值机员提供更加优质的服务。

(二) 良好的人品及健康的身心

指非职业的人品和良好的身体及心理状况,诸如同情心、公正、认真、勤奋、积极乐观、追求上进以及身体状况良好等。

(三) 良好的人际交往和沟通技能

主要体现在乐于与人交流,能有效地传递信息,关心他人,善于倾听和理解等。

二、航空专业素养

(一) 全面的航空专业知识

指航空业的操作标准及执行方法,如旅客航空运输的业务知识,行李运送的各项规章制度等。

熟练的计算机操作能力指,通过使用计算机离港系统为旅客办理值机、登机,以及进行航班控制等高级操作的水平。每名合格的值机员,在上岗前都要接受大量的计算机操作培训,并且需要通过严格的考核。这是因为计算机已经成为航空运输服务的重要工具,值机员的计算机操作熟练度直接影响到服务的满意率。

(二) 先进的自我学习及自我完善能力

航空业的发展是迅速的,各种标准和流程也在实践中经历千锤百炼而趋于完善,这就需要值机员能够实时更新自己头脑中的业务知识,跟上行业的发展。

三、客户服务素养

① 标准规范的服务礼仪。
② 先进的服务理念。
③ 严肃端正的服务意识。

四、职业道德素养

(一) 爱国守法

值机员肩负着保卫空防安全的职责,协助海关边防等联检部门稽查走私、防止偷渡都是值机员应尽的义务。这就需要值机员能够本着爱国守法的职业素养,时刻提高警惕,勇于揭发检举危害国家利益和安全的行为。

(二) 爱岗敬业

值机员应该时刻忠诚于航空事业,志存高远,乐于奉献,对工作高度负责,认真对待每名旅客、每架航班。

以上内容只是一名合格民航值机员所要具备的基本素养,有志于此者应时刻严格要求自己，不断提升、超越，才能走出辉煌的职业之路。

思考题

1. 什么是值机？值机工作具有哪些性质？
2. 值机业务模式有哪几种？
3. 值机服务程序有哪些？
4. 值机员的工作内容包括哪些？
5. 值机员应具备哪些专业素质？

案例分析题

2007 年 7 月某日，MU5142 航班（太原—上海）一位旅客投诉："在飞机降落时想要去洗手间，被乘务员阻止，旅客认为乘务员在解释期间有不尊重她的意思。"经向旅客电话了解，旅客说："刚广播了飞机下降，广播后想上洗手间，到后舱后，乘务员以飞机下降不安全为由阻止旅客上洗手间，告知旅客期间该乘务员与其他机组成员聊天说笑。"旅客认为既然是以安全为由，乘务员尚且闲聊说笑不以身作则，怎么能谈得上安全。

请运用本章的有关内容进行分析：该乘务员的做法是否妥当？如果不妥当，应该怎么做？

社会实践题

上网搜索你所在省的省会城市机场，了解机场值机工作人员的值机服务流程，记录下来，结合本章内容，总结归纳值机服务过程中需要注意的事项。

第二章　行李运输

学习目标

1. 掌握行李的概念和种类。
2. 了解行李托运、保管、交付和收取的要求。
3. 掌握免费行李额的规定。
4. 掌握声明价值附加费的计算方法。
5. 了解不正常行李的处理方法。
6. 理解特殊行李的收运规定。

案例导读

如果行李发生错运……

CZ3136航班旅客托运的一件行李内有酒水，需拴挂免责行李牌，值机员孟某在填写免责牌时将航班号误写成他刚办理完托运的上一个航班ZH9936。由于当时ZH9936还未起飞，行查员在行李通道发现此行李后误认为是漏装行李，随即用对讲机呼叫商调是否能装机，商调也随机请示了指挥中心。值机员孟某听到对讲机的呼叫后，立即通知行查将此行李拿到值机柜台，经确认是CZ3136航班的一件托运行李，之后重新修正了免责行李牌航班号。

问题：

1. 行李虽然没有发生错运，但孟某的行为造成了怎样的影响？
2. 孟某应如何改进工作？

第一节　概　述

运输是人类社会发展和生活中不可缺少的一种生产活动，是国民经济的命脉，为第三产业、公共服务行业。与其他运输方式相比，航空运输有着独特的优势，速度快是其中之一，它包括空中飞行速度和地面作业速度。空中飞行速度是民用航空器在单位时间内飞行的距离。航空运输方式的运输速度远远高于其他运输方式。地面作业速度是在始发站、中转站、目的站所进行的出发作业、中转作业和到达作业的速度，如为旅客办理乘机手续的速度，货物、邮件、行李装卸的速度和处理速度等，它们构成了地面作业速度。地面作业时间远远长于空中飞行时间，已经成为制约航空速度与其他运输方式竞争的一个巨大障碍。

行李是个古语词，原本指“使者”，即往来于国家之间的外交官员。后来，“行李”词义引申，由名词变成动词，指“出使”，又由“出使”引申出“行旅”义，又由“行旅”引申出“出行时所带的东西”。在现代汉语中，“行李”的大部分意思都不用了，只剩下最后一个意思：出行时所带的东西。行李，通常定义为：旅客在旅行中携带的适量物品和个人财物。

行李运输是随着旅客运输的产生而产生的，行李运输工作的好坏直接影响到旅客的旅行、飞行安全、航班是否正常和服务质量。行李运输差错事故所引起的赔偿会给航空公司带来经济损失，也有损航空公司的声誉。随着客运量逐年上升，加强行李运输管理、预防行李运输差错事故的发生，已经成为提高航空客运质量的重要环节。旅客旅行是否成功，还取决于他们所携带的行李物品运输的完好性和准时性。行李不仅本身有价值，而且还关系到旅客旅行任务的完成和生活的需要。

行李在运输过程中发生了不正常情况，旅客可以提出诉讼和赔偿要求。根据《民用航空法》有关公共航空运输的规定提出的索赔，无论是向缔约承运人还是向实际承运人提出，均具有同等效力。提起诉讼，可以分别对实际承运人或者缔约承运人，也可以同时对实际承运人和缔约承运人提起。被提起诉讼的承运人有权要求另一承运人参加应诉。

第二节　行李的收运与费用

一、行李托运规定

托运行李指旅客交由承运人照管和运输、并拴挂行李识别标签的行李。

根据运输责任，承运人承运的行李可以分为以下三类：

（一）托运行李

指已经填开客票和行李票并由旅客交由承运人负责照管和运输的行李。此类行李将被计重并贴上行李牌放置在航空器的行李舱或货舱中。承运人在收运行李时，必须在客票的行李栏内填写托运行李的件数及数量，在客票上贴上“行李牌识别联”，作为旅客认领行李使用。

（二）自理行李

指经承运人同意由旅客带入机舱的自理行李，此类行李应当能置于前排座位下或者能放置于客舱的密闭存放部位，如易碎品、贵重物品、外交信袋等。超过承运人规定的重量或者尺寸的自理行李不得带入机舱。

（三）免费随身携带物品

指经承运人同意由旅客自行携带进入客舱的小件物品，如一定量食品、书报、照相机、大衣等。这也是有限额的：头等舱两件，公务舱和经济舱各一件。随身携带物品有别于自理行李，是旅客在旅途中所需要或使用而携带的个人物品，承运人根据机型不同对其重量也有相应要求，此重量不计入旅客的免费行李额内；超过重量、体积或件数限制的，应作为托运行李托运。

二、行李收运要求

在收运行李时，要了解行李内是否夹带禁品、限制携带的物品或者危险品。了解行李是否是声明价值行李，如果是，应请旅客办理声明价值行李运输手续。托运行李必须经过行李安全检查后才能收运。当然，乘坐国际航班的旅客，其托运行李必须事先办妥海关手续才能收运。

旅客的托运行李一般应当随旅客同机运出，如果逾重行李过多，受载量条件的限制，无法做到同机运出，应当向旅客说明，在后续班机上运出，并将行李重量、件数、行李牌号发电报通知到达站。

行李收运一般流程：旅客到达机场，通过航站楼显示屏找到办理值机手续柜台号码，之后持旅行证件到柜台办理值机手续、托运行李、领取登机牌。

① 承运人一般应在航班离站当日办理乘机手续时收运行李。如果团体旅客的行李过多，或因其他原因需要提前托运的，根据承运人特约服务，可以约定时间、地点收运。

② 旅客必须凭有效客票托运行李，托运行李的目的地应当与客票所列明的经停点或目的地相同。同时确保旅客旅行证件符合行李提取国入境、过境要求。

③ 检查行李的包装、体积和重量是否符合要求；如果不符合，应当请旅客改善包装。

④ 超过免费行李额的行李，应当收取逾重行李费用，并开具逾重行李收费回执。

⑤ 行李重量信息的录入应当准确，以免影响飞机的载重平衡。随身携带的物品不计入旅客的免费行李额内。

⑥ 托运行李的件数、重量，应当准确地录入旅客个人信息中，以明确责任。

⑦ 每件托运行李都必须拴挂行李牌，并将其中的识别联交给旅客。有的要拴挂免除责任行李牌，免除相应的运输责任。

⑧ 特殊行李应拴挂识别标识，例如优先条、HEAVY 条、转机条、SBY 条等。

⑨ 经承运人同意的自理行李应当与托运行李合并计重，然后交由旅客带入客舱自行照管，并在行李上拴挂手提行李牌。

三、免费行李额的规定

免费行李额也就是含在旅客票价里的行李运输重量。根据舱位等级的不同，相应额度也有区别。免费行李额有两种不同的使用体系:件数体系和重量体系。

(一) 件数体系免费行李额

头等舱、公务舱旅客最多可托运两件行李。每件体积不能超过(20×40×55)立方厘米,持头等舱机票的旅客享受的免费行李额为 40 公斤,持公务舱机票的旅客享受的免费行李额为 30 公斤,持经济舱机票的旅客享受的免费行李额为 20 公斤,持折扣机票的儿童与成人享受同样的免费行李额,持折扣机票并且不单独占用座位的婴儿没有免费行李额,但是可以免费托运一辆婴儿折叠式推车或者摇篮,担架旅客的免费行李额为 60 公斤;一件自理行李,三边之和不超过 115 厘米。

经济舱旅客最多两件托运行李。其中一件三边之和不超过 158 厘米,两件总共不超过 273 厘米,每件行李重量限制在 23 公斤;一件自理行李,三边之和不超过 115 厘米。

① 付成人运费 50%的儿童与成人一样享受免费行李额。

② 付成人运费 10%的婴儿准许带一件托运行李,三边之和不超过 115 厘米。另外,折叠式的婴儿车或推车可以办理托运手续。

③ 在件数体系下,以下物品可以不考虑它们的实际长度,每件行李三边之和为 158 厘米:

- 睡袋;
- 帆布背包;
- 雪橇、雪橇杆、雪橇靴;
- 高尔夫球袋包括高尔夫球棒和一对高尔夫球鞋;
- 行李袋(圆筒型帆布袋,可折叠)或 B－4 型包(用毛皮帆布和金属封皮,两侧用帆布的衣箱型手提包);
- 冲浪板;
- 带包装的自行车(单人骑或赛车,不带自动装置),包括可在路旁组装的扶手和可活动的脚踏板。

(二) 重量体系免费行李额

① 持成人或儿童客票的头等舱旅客为 40 公斤,公务舱旅客为 30 公斤,经济舱旅客为 20 公斤。持婴儿票的旅客无免费行李额。

② 付 50%运费的儿童与成人一样享受以上免费行李额。

③ 付 10%运费的婴儿不享受免费行李额。

四、单独占用客舱座位的行李

如果旅客的行李重量和体积超过了自理行李的标准而又想自行照管的,那么旅客就要为他超出重量和体积规定的行李购买一张客票,这就是占座行李。常见的占座行李为外交信袋、大提琴等。

五、特殊行李的收运

在民航运输业务中，往往会有一些特殊种类的行李。运送这些物品的特殊规定分别介绍如下：

（一）体育运动用的枪支和子弹

体育运动用的枪支和子弹作为托运行李，必须要在订座或购票时提出，经承运人同意，方可办理。但须凭省、市以上体委部门的证明收运。每位旅客的子弹限量为5公斤，并不得计算在免费行李额内，连同包装及填充物按逾重行李计收运费。

（二）小动物、导盲犬和助听犬

携带小动物、导盲犬和助听犬乘机或托运，必须在订座或购票时提出，并提供动物检疫证明，提前征得承运人同意。旅客应当对交运的小动物、导盲犬、助听犬承担全部责任。小动物、导盲犬、助听犬及其容器和携带的食物的重量，不计算在免费行李额内，应当按逾重行李交付费用。小动物、导盲犬、助听犬运输不办理声明价值。小动物是指家庭训养的小狗、猫、鸟或其他赏玩动物。野生动物和具有伤人等特性的动物如蛇等，不属于小动物范围。

（三）折叠轮椅和电动轮椅

折叠轮椅和电动轮椅必须作为托运行李运输，但可以免费运输，而不计算在免费行李额内。在上、下机过程中使用自带轮椅的旅客，其轮椅按下列办法办理：

① 待旅客登机使用完轮椅时，在登机口收运轮椅。

② 将收运的轮椅装入货舱门口位置。

③ 到达站应当首先将托运的轮椅卸下，运到登机口，供旅客下机时使用。

④ 应将轮椅的收运情况通报配载部门，以便向经停站和到达站拍发电报。

（四）管制刀具以外的利器和钝器

管制刀具以外的利器和钝器，指管制刀具以外的医用手术刀和非常锋利结实的专用刀等刀具和钝器，如生活用具、生产用具及古董或作为旅游纪念品的刀、剑以及短棍、锤子等。管制刀具以外的利器、钝器必须放入托运行李内运输，旅客不得随身携带。国内旅客持有《匕首佩带证》、少数民族人员在民族自治区域内乘机，或境外旅客在我国民族自治区域购买的少数民族刀具，可按管制刀具以外的利器和钝器办理。

（五）旅行途中所需烟具、药品和化妆品

旅客可携带旅行途中所需合理数量的含有易燃成分的烟具、药品和化妆品，但是必须按照安检部门公布或解释的有关规定办理。正常情况下，每位旅客可携带打火机5个（充有可燃气体或燃料油）和安全火柴5盒。

（六）精密仪器和电器等类物品

这类物品如电视机、电脑及音响等应作为货物运输。如作为行李运输，则应经承运人同意，并具有出厂包装或承运人认可的包装。这类物品的重量不得计算在免费行李额内，应单独收取逾重行李费。未办理声明价值的精密仪器、电器等物品，在托运过程中出现损害的，按一般托运行李赔偿。

（七）自行车

自行车应当作为货物运输。如果作为行李运输，则应经承运人同意。如按行李运输，自行车必须有完善的包装，并将车轮卸下，牢固地绑在车身上。自行车的重量不得计算在免费行李额内，应单独收取逾重行李费用。在交运前，应将轮胎内的气体放掉。

（八）含有酒精的饮料

旅客可托运合理数量的含有酒精的饮料，但每瓶的容积不得超过 5 L。正常情况下，每位旅客可携带包装完好的白酒 2 公斤。旅客携带含有酒精的饮料乘机，将按照安检部门公布或解释的有关规定办理。

（九）警卫人员携带的武器

警卫人员在执行保护国家列明警卫对象和来访外宾的任务时，可以携带武器乘机，包括为执行任务单独往返乘机。警卫人员携带武器乘机，应凭有关部门开具的持枪证明及警卫人员本人的《持枪证》。警卫人员乘机时，可由其本人采取枪弹分开的办法随身携带，也可将子弹退出枪膛，与枪支分开放置，在运输期间交由机长保管。警卫人员携带武器乘机，由安检部门办理。

六、逾重行李的费用

逾重行李的费用是指托运行李和自理行李超出免费行李额的部分。超出部分应按规定收费，其费用的计算公式是：逾重行李的费用＝逾重行李收费标准×逾重行李重量。

说明：经济舱按直达票价的 1.5％计算。重量以公斤为单位，小数点后面的数字四舍五入。逾重行李的运费，其金额以元为单位，元以下四舍五入。

国内逾重行李票由财务联、出票人联、运输联和旅客联构成。财务联为财务结算用，出票人联为出票人存查用，运输联为运输逾重行李及航空公司之间结算用，旅客联为旅客提取逾重行李和报销凭证用。

七、声明价值附加费

在国内航线上，旅客的托运行李每公斤价值超过人民币 100 元，可以办理声明价值。在国际航线上，旅客的托运行李每公斤价值超过 20 美元，自理行李价值超过 400 美元，可以办理声明价值。行李声明价值附加费的计算公式是：行李声明价值附加费=(行李声明价值－每公斤限额X元×声明价值行李的重量)×5‰。

说明:声明价值附加费以元为单位,不足者应进整为元。国内航班,每位旅客的行李声明价值最高限额为人民币8000元,托运行李的声明价值不能超过行李本身的实际价值。旅客携带的小动物不办理行李声明价值。声明价值行李的计费重量为公斤,不足者应进位,但实际重量应保留至小数点后一位。办理声明价值的行李重量不计入免费行李额内,应另外收费。除有特别协议外,一般只能在同一承运人和航班上办理行李声明价值。当旅客申报价值为外币时,应按当日银行公布的买入价折算成人民币。

办理了声明价值附加费的行李要注意以下要求:办理声明价值的行李必须与旅客同机运出,在载重平衡表备注栏内须注明办理声明价值的行李件数、重量、行李牌号码和装舱位置。值机人员与装卸人员应严格办理交接手续。运出时应发电报通知到达站。

第三节　行李的保管与交付

一、行李的保管

值机工作人员与行李运输人员、行李保管人员,要建立交接制度。行李收运后,如果数量不符或行李损坏,要查清并做记录。发现无行李牌的行李,工作人员要查清行李归属后方能运出,并记录清楚。

因班机取消、当天不能装机发运的行李,必须注意保管,防止丢失和损坏。如果装机后班机取消,一般应将行李卸下后妥善交由行李部门保管。

凡货运工作与行李保管装卸工作分开的航站,对行李保管要建立一套完整的工作制度。

要有行李保管员和仓库,不得将行李随意放在候机室、办公室等没有保管条件的地方。

行李收运后,如果发现松散、捆绑不牢等情况,应及时整修。必要时,可找旅客共同整修。

与旅客同机到达的行李,旅客应在当日提取。当日不提取、次日提取的,则需收取行李保管费。未与旅客同机到达的行李,自承运人发出到达通知的次日起,免费保管3天,逾期收取行李保管费。由于承运人原因造成行李延误到达,在行李到达后,承运人及其代理人免费保管。无法交付的行李自到达次日起,超过90天仍无人认领的,承运人可作相关处理。

二、行李的交付与收取

旅客的行李在到达目的站后,旅客须凭借行李牌领取自己的行李。双方在交付与领取的时候，应注意以下几方面：

① 正确核对，防止错发。交付行李时，必须收回行李识别牌与行李上拴挂的行李牌，核对号码，必要时查验客票或登机凭证。

② 凭行李识别联领取行李，航站工作人员无法确认是否是旅客本人的，由此造成的损失及费用，承运人不承担责任。

③ 旅客行李延误到达后，立即通知旅客领取，也可直接送达旅客。

④ 交付行李时，应请旅客查看行李是否完好无损。如发现有损缺，应立即会同旅客检查，并填写事故记录表。

⑤ 如果旅客遗失行李牌的识别联，应立即挂失。当有旅客要求提取该行李时，应提供足够的证明，经过认可，并在领取行李时出具收据，然后方可将行李交付旅客。如在旅客声明挂失前已被冒领，承运人不承担责任。

第四节 不正常行李业务及其处理

一、行李运输不正常

行李运输不正常是指在行李的运输过程中，由于承运人工作失误造成的行李运输差错或行李运输事故，如行李迟运、少收、多收、漏卸、错发、损坏、遗失等。发生这类情况，应及时认真、妥善地处理，尽量避免或减少损失，挽回不良影响，并填写行李不正常运输登记表。

各航空公司都有专门的处理行李不正常运输工作的部门，同时航空公司还设有专门的行李查询中心，以协助各地查询、处理本航空公司行李查询工作和行李赔偿工作。

（一）迟运行李

迟运行李是指在始发站应予载运而未能运出的行李。

造成行李迟运的原因一般是行李漏装、行李牌脱落不能辨认行李的目的地，或由于飞机载量不足造成行李无法随旅客同机运出。

迟运行李不包括旅客的逾重行李由于飞机载量原因，而被安排在后续航班运出的托运行李。

迟运行李的处理程序是：

① 在“迟运行李登记表”上编号、登记。

② 安排后续航班和日期，并拍发行李运送电报给行李目的站或有关中转站，以便在航班到达时及时通知旅客。

③ 如果由于行李牌脱落无法确认行李目的站，应向当日从本站起飞的所有航班和航班的中途站、目的站按多收行李电报格式发报查询，在得到有关站的电报确认后，再将行李运出。

④ 运出前应填写和拴挂速运行李牌，并拍发行李运送电报。

目的站收到迟运行李后，应立即通知旅客提取；如果旅客要求，可将行李运送到其驻地，地面交通费由责任站承担。并电告行李发运站迟运行李收到日期或交付日期。

如果迟运行李在中途须转运，转运站收到行李后，应立即按运送电报或迟运行李牌上所到期的航班号、日期转运。

（二）少收行李

少收行李指由于运输差错，使得航班到达后，目的站无法按规定的时间和数目向旅客交付应当同机到达的行李。

造成少收行李的原因可能是：

① 由于始发站行李漏装、错装或行李牌脱落而无法辨认行李目的地，才没有装上飞机。

② 中途站错卸行李。

③ 到达站漏卸行李，或行李与货物混淆被卸到仓库或其他地方。

少收行李的处理程序是：

① 查验旅客的客票、登机牌、逾重行李票和行李牌领取联，了解有关旅客的相关信息。

② 了解少收行李的形状和制作材料特征。

③ 查看多收行李记录、外站发来的多收行李和运送行李电报。

④ 按照行李查找地点查找行李。

⑤ 填写“行李不正常运输事故记录 PIR”及“少收行李处理登记表”。

（三）多收行李

多收行李指在本次航班到达 24 小时，行李交付工作结束后仍无人认领的行李。

造成多收行李的原因可能有：

① 其他站错运到本站。

② 中途站漏卸。

③ 行李牌在运输中脱落。

④ 行李牌挂错。

多收行李的处理程序是：

① 在多收行李报告表上编号、登记。

② 填写拴挂速运行李牌，并保留原行李牌（如果原行李牌仍在的话）。

③ 核对其他站发来的少收行李电报。

④ 如果暂时无法找到失主，应填写“多收行李报告表”及“行李运输事故记录”，登记运达航班号、日期及行李颜色、形状和行李内容等。

⑤ 找到失主，应立即通知其前来领取；若失主在外站，按速运行李的运送方法

运出。

⑥ 其他承运人运来的，移交给该承运人处理。

（四）行李破损

行李破损指旅客托运的行李在储存、运输过程中，因行李的外部受到损伤或行李的形状发生改变，而使行李的外包装或内装物品受到损伤。

行李破损分为明显破损和不明显破损。明显破损是指行李外包装有明显的破损痕迹或外包装变形。不明显破损是指行李外包装完好或看不出有破损的迹象，但内装物品受到损伤。

发生行李破损，应立即查明其原因，明确责任。如果属于在运输过程中的正常现象，应向旅客解释，因为在正常的行李运输过程中，行李箱包也会受到一定损耗，例如轻微的摩擦、凹陷或表面沾染少量的污垢等。这些轻微的擦碰，承运人不负运输责任。装卸或传送行李时发生或发现行李破损，应会同行李装卸人员，按照规定填写“行李装卸事故签证”，并采取必要的补救措施。如果发现出港行李破损，一般要求将破损行李修整，符合运输条件后方可运出。如果一时无法运输的，应拍发行李破损电报，通知行李目的站或有关中转站。

正常行李破损的处理程序是：

① 旅客提取行李时，提出其行李破损，应立即会同旅客检查行李的外包装和内包装的损坏情况，并尽可能明确责任。检查内容包括：有无人为开撬现象，破损痕迹的新旧；行李本身包装是否符合运输规定；整件行李的重量是否超过其包装所能承受的负荷；有无拴挂免除责任行李牌。必要时可将破损行李过秤，核对旅客客票上填列的托运行李重量与实际重量是否相符，以确定行李的内容是否缺短。

② 行李破损属承运人责任，应会同旅客填写“破损行李记录表”（PIR）一式三份：一份交旅客收执，作为赔偿的依据；一份交受理部门存查；一份随行李索赔单交财务部门。

③ 如果行李外包装完好无缺，但内装物品破损的，除非旅客提出证明是承运人过失造成的，否则对旅客向承运人提出的行李内装物品因破损而遭受损失的声明，可不予受理。

④ 挂有“免除责任行李牌”的行李发生破损时，应查看免除责任行李牌上打“×”的项目，如属免除承运人的责任的项目，可不负破损责任。

⑤ 如果代理其他承运人处理行李破损，则应请该承运人驻本场代表在“破损行李记录表”上签字，将“破损行李记录表”交该承运人代表直接处理。

（五）无人认领行李

无人认领行李是指多收行李，包括旅客遗失的自理行李、手提行李和安全限制物品，经多方查询仍无法找到失主、保管期限超过规定时限的行李。无人认领行李从开始保管之日起，超过 90 天，可作为逾期无人认领行李自行处理。

这类物品的处理工作，由当地行李查询部门负责。正常的处理程序是：做好行李内容的清点工作；编制“无人领取行李、物品登记表”，上报有关部门；会同海关分别按无价移交物品和有价移交物品处理给有关部门。

无价移交物品：军用品移交当地军属部门；违禁品移交当地公安部门；历史文物、珍贵图书移交当地文化部门；海关监管物品移交海关；金银珠宝移交中国人民银行。

有价移交物品：生产资料交当地有关物资部门处理；生活资料交当地商业部门付款收购；粮食、植物油料交当地粮食部门付款收购；鲜活、易腐或其他保管有困难的物品，报经上级批准处理。

以上处理所得款项，应先扣除行李保管费、处理费、关税，余款交财务部门保管。如旅客在处理之日起 30 天内前来认领，在提供适当证明并经承运人确认后，可将余款交还失主，否则余款上交国库。属于运输事故并已由承运人赔偿的行李，其变卖款全部归承运人所有。

二、行李运输事故赔偿

在运输过程中，由于行李本身所具有的多、杂、碎等特点，以及处理环节比较多，发生破损、遗失、被盗以及延误等情况是不可避免的，这就必然涉及行李的赔偿问题。

（一）明确责任

1. 除外责任

由下列情况造成行李的损失，除能证明是民航的过失外，民航不负责赔偿：因自然灾害或其他无法控制的原因；包装方法或容器质量不良、但从外部无法观察发现；行李本身的缺陷或内部物品所造成的变质、减量、破损、毁灭等；包装完整、封志无异而内件短少、破损；旅客的自理行李和手提行李。

2. 旅客责任

旅客未遵守国家法律、政府规章、命令及民航运输的有关规定；行李内装有按规定不能夹带的运输物品；逾重行李的逾重部分未付逾重行李费；私自带上飞机的捎带物品。

3. 承运人责任

如果丢失的行李只是全部交运行李的一部分，不管其丢失的价值如何，只能按该部分丢失的重量在全部行李重量中的比例承担责任。如果行李部分破损，应赔偿破损部分的价值和修理费。另外，承运人交付行李时，如果旅客没有对行李的完好提出异议，并未填写“行李事故运输记录”或“破损行李记录”，民航不负责赔偿。

（二）赔偿限额

托运行李发生损坏，旅客应当在发生损坏后立即向承运人提出索赔，或在实际收到托运行李之日起 7 日内提出。凭“行李运输事故记录”或“破损行李记录”向受理站提出索赔要求，在规定期间外提出，则丧失了索赔权。受理站在接到旅客的行李索赔要求时，应于 3 日之内查明情况和原因，7 日之内决定是否赔偿，并将处理意见答复旅客。航空公司不受理旅客本人以外的其他人的索赔，除非索赔人已取得旅客本人签名的授权书。

① 旅客的托运行李全部或部分损坏、丢失，赔偿金额每公斤不超过人民币 50 元。如果行李的价值每公斤低于 50 元时，按实际价值赔偿，已收逾重行李费退还。

② 丢失行李是全部行李的一部分，按丢失的实际重量承担赔偿责任。如果无法确定丢失行李的重量，每一旅客的丢失行李最多只能按该旅客享受的免费行李额赔偿。

③ 旅客的丢失行李如果已经办理行李声明价值，应按声明价值赔偿，声明价值附加费不退。行李的声明价值高于实际价值时应按实际价值赔偿。

④ 行李部分破损时，按行李折旧后的价值赔偿或负担修理费用。

⑤ 由于发生在上、下航空器期间或航空器上的事件造成旅客的自理行李和随身携带物品丢失，承运人承担的最高赔偿金额每位旅客不超过人民币 3000 元。

⑥ 构成国际运输的国内航段，行李赔偿按适用的国际运输行李赔偿规定办理。计件制免费行李运输的航段，除交付逾重行李费之外，每件行李的赔偿额以 32 公斤为限。

⑦ 行李赔偿时，对赔偿行李收取的逾重行李费应退还旅客，声明价值附加费不退。

（三）临时生活日用品补偿费

旅客托运的行李未能与旅客同机到达，造成旅途生活不便的，承运人给予旅客临时生活日用品补偿费：

① 适当的临时生活日用品补偿费一次性发给旅客，标准为：折扣票价客票的头等舱、公务舱旅客为人民币 120 元，经济舱旅客为人民币 100 元。

② 支付临时生活日用品补偿费后，如果旅客行李未能找到而需进行赔偿，该补偿费将作为承运人对行李赔偿的一部分，从赔偿金额中扣除。如果找到行李，旅客无须退回补偿费。

另外，“临时生活日用品付款单”一式三联：一联为会计联，送交财务；一联为存根联，附在“行李运输差错记录”上，以便赔偿时参考；一联为旅客联，由旅客收执。

附录一 航空行李须知

行李分为托运行李、自理行李(又称手提行李)和随身携带物品。国家规定的禁运物品、限制运输物品、危险物品，以及具有异味或容易污损飞机的其他物品，不能作为行李或夹入行李内托运。航空公司在收运行李前或在运输过程中，发现行李中装有不得作为行李或夹入行李内运输的任何物品，可以拒绝收运或随时终止运输。

为了运输安全，航空公司可以会同旅客对其行李进行检查；必要时，可会同有关部门进行检查。如果旅客拒绝接受检查，航空公司有权拒绝运输该行李。

不得夹入行李内托运的物品主要包括：

小而贵重的物品：现金、证券、汇票、信用卡、珠宝、相机等。

急用物品：药品、钥匙、护照、旅行支票、商务文件等。

不可取代的物品：手稿、祖传物等。

易碎品：眼镜、玻璃容器、液体等。

上述物品应随身携带，或放在可置于座位下面的随身携带的行李中。航空公司对托运行李内夹带上述物品的遗失或损坏按一般托运行李承担赔偿责任。

旅客不得携带管制刀具乘机。管制刀具以外的利器或钝器应随托运行李托运，不能随身携带。

行李托运

旅客必须凭有效客票托运行李，一般在航班离站当日办理乘机手续时收运行李。不属于行李的物品应按货物托运，不能作为行李托运。

托运行李必须包装完善、锁扣完好、捆扎牢固，能承受一定的压力，能够在正常的操作条件下安全装卸和运输，并应符合下列条件，否则，航空公司可以拒绝收运：

(一) 旅行箱、旅行袋和手提包等必须加锁；

(二) 两件以上的包件，不能捆为一件；

(三) 行李上不能附插其他物品；

(四) 竹篮、网兜、草绳、草袋等不能作为行李的外包装物；

(五) 行李上应写明旅客的姓名、详细地址、电话号码。

旅客的托运行李，每公斤价值超过人民币 50 元时，可办理行李的声明价值。托运行李的声明价值不能超过行李本身的实际价值。每一旅客的行李声明价值最高限额为人民币 8000 元。如航空公司对声明价值有异议而旅客又拒绝接受检查时，航空公司有权拒绝收运。各航空公司对国际航班规定不甚相同，声明价值，应按各航空公司的规定办理。

行李重量

托运行李的重量每件不能超过 50 公斤，体积不能超过 40 厘米×60 厘米×100 厘米，超过上述规定的行李，须事先征得航空公司的同意才能托运。自理行李的重量不能超过 10 公斤，体积每件不超过 20 厘米×40 厘米×55 厘米。随身携带物品的重量，每位旅客以5公斤为限。持头等舱客票的旅客，每人可随身携带两件物品。每件随身携带物品的体积均不得超过20厘米×40厘米×55厘米。超过上述重量、件数或体积限制的随身携带物品，应作为托运行李托运。各航空公司对国际航班行李重量的规定不甚相同。

每位旅客的免费行李额（包括托运和自理行李）：国内航班持成人或儿童票的头等舱旅客为40公斤，公务舱旅客为30公斤，经济舱旅客为20公斤。持婴儿票的旅客无免费行李额。各航空公司对国际航班免费行李额的规定不甚相同。构成国际运输的国内航段，每位旅客的免费行李额按适用的国际航线免费行李额计算。

旅客对逾重行李应付逾重行李费，国内航班逾重行李费率以每公斤按经济舱票价的1.5%计算，金额以元为单位。各航空公司对国际航班逾重行李费率和计算方法不相同，旅客须按各航空公司规定办理。

行李退运

旅客在始发地要求退运行李，必须在行李装机前提出。如旅客退票，已托运的行李也必须同时退运。以上退运，均应退还已收逾重行李费。旅客在经停地退运行李，该航班未使用航段的已收逾重行李费不退。办理声明价值的行李退运时，在始发地退还已交付的声明价值附加费，在经停地不退已交付的声明价值附加费。

行李领取

旅客应在航班到达后立即在机场凭行李牌的识别联领取行李。必要时，应交验客票。因许多行李很相似，旅客从行李传送带上把确认的行李取下来之后，应查看一下标签的名字和号码以防拿错。

旅客遗失行李牌的识别联，应立即向航空公司挂失。旅客如果要求领取行李，应向航空公司提供足够的证明，并在领取行李时出具收据。如在声明挂失前行李已被冒领，航空公司不承担责任。

行李延误、损坏或丢失

行李运输发生延误、丢失或损坏，旅客应会同航班经停地或目的地的航空公司或其代理人填写“行李运输事故记录”，并按法定时限向航空公司或代理人提出赔偿要求，并随附客票（或影印件）、行李牌的识别联、“行李运输事故记录”、证明行李内容和价格的凭证以及其他有关的证明。旅客在领取行李时，如果没有提出异议，即为托运行李已经完好交付。

旅客行李延误到达后，航空公司应立即通知旅客领取，也可直接送达旅客。因航空公司原因使旅客的托运行李未能与旅客同机到达，造成旅客旅途生活不便的，旅客可在经停地或目的地向航空公司要求适当的临时生活用品补偿费。

行李赔偿限额

国内航班：旅客的托运行李全部或部分损坏、丢失，赔偿金额每公斤不超过人民币50元。如行李的价值每公斤低于50元时，按实际价值赔偿。已收逾重行李费退还。旅客丢失行李的重量按实际托运行李的重量计算。无法确定重量时，每位旅客的丢失行李最多只能按该旅客享受的免费行李额赔偿。旅客的丢失行李如已办理行李声明价值,应按声明的价值赔偿,声明价值附加费不退。行李的声明价值高于实际价值时,应按实际价值赔偿。行李损坏时,按照行李降低的价值赔偿或负担修理费用。

由于发生在上、下航空器期间或航空器上的事件造成旅客的自理行李和随身携带物品灭失,航空公司负担的最高赔偿金额每位旅客不超过人民币2000元。已赔偿的旅客丢失行李找到后,航空公司应迅速通知旅客领取,旅客应将自己的行李领回,退回全部赔款。临时生活用品补偿费不退。

国际航班:行李丢失、破损、毁灭或延误的责任限额由《蒙特利尔公约》规定。每名旅客的最高限额是1000元特别提款权,除非旅客在向航空公司交运托运行李时,特别声明在目的地点交付时的利益,并在必要时支付附加费。

构成国际运输的国内航段,行李赔偿按适用的国际运输行李赔偿规定办理。即使国内段与国际旅程不在同一张机票上,旅客在两个航班上提取和交运行李,也同样适用。(提示:这是最大责任限额。如果旅客的物品折余价值低于最大限额,旅客将得到按较低价值支付的赔偿。如果航空公司的解决方案不能完全弥补旅客的损失,旅客可以向保险公司索赔。)

附录二　《中国民用航空旅客、行李国内运输规则》(节选)

第十一章　行李运输

第三十六条　承运人承运的行李，只限于符合本规则第三条第二十三项定义范围内的物品。

承运人承运的行李，按照运输责任分为托运行李、自理行李和随身携带物品。

重要文件和资料、外交信袋、证券、货币、汇票、贵重物品、易碎易腐物品，以及其他需要专人照管的物品，不得夹入行李内托运。承运人对托运行李内夹带上述物品的遗失或损坏按一般托运行李承担赔偿责任。

国家规定的禁运物品、限制运输物品、危险物品，以及具有异味或容易污损飞机的其他物品，不能作为行李或夹入行李内托运。承运人在收运行李前或在运输过程中，发现行李中装有不得作为行李或夹入行李内运输的任何物品，可以拒收或随时终止运输。

旅客不得携带管制刀具乘机。管制刀具以外的利器或钝器应随托运行李托运，不能随身携带。

第三十七条　托运行李必须包装完善、锁扣完好、捆扎牢固，能承受一定的压力，能够在正常的操作条件下安全装卸和运输，并应符合下列条件，否则，承运人可以拒绝收运：

（一）旅行箱、旅行袋和手提包等必须加锁；

（二）两件以上的包件，不能捆为一件；

（三）行李上不能附插其他物品；

（四）竹篮、网兜、草绳、草袋等不能作为行李的外包装物；

（五）行李上应写明旅客的姓名、详细地址、电话号码。

托运行李的重量每件不能超过 50 公斤，体积不能超过 40 厘米×60 厘米×100 厘米，超过上述规定的行李，须事先征得承运人的同意才能托运。

自理行李的重量不能超过 10 公斤，体积每件不超过 20 厘米×40 厘米×55 厘米。

随身携带物品的重量，每位旅客以 5 公斤为限。持头等舱客票的旅客，每人可随身携带两件物品。每件随身携带物品的体积均不得超过 20 厘米×40 厘米×55 厘米。超过上述重量、件数或体积限制的随身携带物品，应作为托运行李托运。

第三十八条　每位旅客的免费行李额(包括托运和自理行李)：持成人或儿童票的头等舱旅客为 40 公斤，公务舱旅客为 30 公斤，经济舱旅客为 20 公斤。持婴儿票的旅客无免费行李额。

搭乘同一航班前往同一目的地的两个以上的同行旅客如在同一时间、同一地点办理行李托运手续，其免费行李额可以按照各自的客票价等级标准合并计算。

构成国际运输的国内航段，每位旅客的免费行李额按适用的国际航线免费行李额计算。

第三十九条　旅客必须凭有效客票托运行李。承运人应在客票及行李票上注明托运行李的件数和重量。

承运人一般应在航班离站当日办理乘机手续时收运行李；如团体旅客的行李过多，或因其他原因需要提前托运时，可与旅客约定时间、地点收运。

承运人对旅客托运的每件行李应拴挂行李牌，并将其中的识别联交给旅客。经承运人同意的自理行李应与托运行李合并计重后，交由旅客带入客舱自行照管，并在行李上拴挂自理行李牌。

不属于行李的物品应按货物托运，不能作为行李托运。

第四十条　旅客的逾重行李在其所乘飞机载量允许的情况下，应与旅客同机运送。旅客应对逾重行李付逾重行李费，逾重行李费率以每公斤按经济舱票价的1.5％计算，金额以元为单位。

第四十一条　承运人为了运输安全，可以会同旅客对其行李进行检查；必要时，可会同有关部门进行检查。如果旅客拒绝接受检查，承运人对该行李有权拒绝运输。

第四十二条　旅客的托运行李，应与旅客同机运送，特殊情况下不能同机运送时，承运人应向旅客说明，并优先安排在后续的航班上运送。

第四十三条　旅客的托运行李，每公斤价值超过人民币50元时，可办理行李声明价值。

承运人应按旅客声明的价值中超过本条第一款规定限额部分的价值的5％收取声明价值附加费。金额以元为单位。

托运行李的声明价值不能超过行李本身的实际价值。每一旅客的行李声明价值最高限额为人民币8000元。如承运人对声明价值有异议而旅客又拒绝接受检查时，承运人有权拒绝收运。

第四十四条　小动物是指家庭饲养的猫、狗或其他小动物。小动物运输，应按下列规定办理：

旅客必须在订座或购票时提出，并提供动物检疫证明，经承运人同意后方可托运。

旅客应在乘机的当日，按承运人指定的时间，将小动物自行运到机场办理托运手续。

装运小动物的容器应符合下列要求：

（一）能防止小动物破坏、逃逸和伸出容器以外损伤旅客、行李或货物。

（二）保证空气流通，不致使小动物窒息。

（三）能防止粪便渗溢，以免污染飞机、机上设备及其他物品。

（四）旅客携带的小动物，除经承运人特许外，一律不能放在客舱内运输。

（五）小动物及其容器的重量应按逾重行李费的标准单独收费。

第四十五条　外交信袋应当由外交信使随身携带，自行照管。根据外交信使的要求，承运人也以按照托运行李办理，但承运人只承担一般托运行李的责任。

外交信使携带的外交信袋和行李，可以合并计重或计件，超过免费行李额部分，按照逾重行李的规定办理。

外交信袋运输需要占用座位时，必须在订座时提出，并经承运人同意。

外交信袋占用每座位的重量限额不得超过75公斤，每件体积和重量的限制与行李相同。占用座位的外交信袋没有免费行李额，运费按下列两种办法计算，取其高者：

（一）根据占用座位的外交信袋实际重量，按照逾重行李费率计算运费；

（二）根据占用座位的外交信袋占用的座位数。按照运输起讫地点之间，与该外交信使所持客票票价级别相同的票价计算运费。

第四十六条　旅客的托运行李、自理行李和随身携带物品中，凡夹带国家规定的禁运物品、限制携带物品或危险物品等，其整件行李称为违章行李。对违章行李的处理规定如下：

（一）在始发地发现违章行李，应拒绝收运；如已承运，应取消运输，或将违章夹带物品取出后运输，已收逾重行李费不退。

（二）在经停地发现违章行李，应立即停运，已收逾重行李费不退。

（三）对违章行李中夹带的国家规定的禁运物品、限制携带物品或危险品，交由有关部门处理。

第四十七条　由于承运人的原因，需要安排旅客改乘其他航班，行李运输应随之作相应的变更，已收逾重行李费多退少不补；已交付的声明价值附加费不退。

行李的退运按如下规定办理：

（一）旅客在始发地要求退运行李，必须在行李装机前提出。如旅客退票，已托运的行李也必须同时退运。以上退运，均应退还已收逾重行李费。

（二）旅客在经停地退运行李，该航班未使用航段的已收逾重行李费不退。

（三）办理声明价值的行李退运时，在始发地退还已交付的声明价值附加费，在经停地不退已交付的声明附加价值费。

第四十八条　旅客应在航班到达后立即在机场凭行李牌的识别联领取行李。必要时，应交验客票。

承运人凭行李牌的识别联交付行李，对于领取行李的人是否确系旅客本人，以及由此造成的损失及费用，不承担责任。

旅客行李延误到达后，承运人应立即通知旅客领取，也可直接送达旅客。

旅客在领取行李时，如果没有提出异议，即为托运行李已经完好交付。

旅客遗失行李牌的识别联，应立即向承运人挂失。旅客如果要求领取行李，应向承运人提供足够的证明，并在领取行李时出具收据。如在声明挂失前行李已被冒领，承运人不承担责任。

第四十九条　无法交付的行李，自行李到达的次日起，超过90天仍无人领取的，承运人可按照无法交付行李的有关规定处理。

第五十条　行李运输发生延误、丢失或损坏，该航班经停地或目的地的承运人或其代理人应会同旅客填写“行李运输事故记录”，尽快查明情况和原因，并将调查结果答复旅客和有关单位。如发生行李赔偿，在经停地或目的地办理。

因承运人原因使旅客的托运行李未能与旅客同机到达，造成旅客旅途生活的不便，在经停地或目的地应给予旅客适当的临时生活用品补偿费。

第五十一条　旅客的托运行李全部或部分损坏、丢失，赔偿金额每公斤不超过人民币50元。如行李的价值每公斤低于50元时，按实际价值赔偿。已收逾重行李费退还。

旅客丢失行李的重量按实际托运行李的重量计算。无法确定重量时，每位旅客的丢失行李最多只能按该旅客享受的免费行李额赔偿。

旅客的丢失行李如已办理行李声明价值，应按声明的价值赔偿，声明价值附加费不退。行李的声明价值高于实际价值时，应按实际价值赔偿。

行李损坏时，按照行李降低的价值赔偿或负担修理费用。

由于发生在上、下航空器期间或航空器上的事件造成旅客的自理行李和随身携带物品灭失，承运人负担的最高赔偿金额每位旅客不超过人民币2000元。

构成国际运输的国内航段，行李赔偿按适用的国际运输行李赔偿规定办理。

已赔偿的旅客丢失行李找到后，承运人应迅速通知旅客领取，旅客应将自己的行李领回，退回全部赔款。临时生活用品补偿费不退。发现旅客有明显欺诈行为的，承运人有权追回全部赔款。

第五十二条　旅客的托运行李丢失或损坏，应按法定时限向承运人或代理人提出赔偿要求，并随附客票(或影印件)、行李牌的识别联、“行李运输事故记录”、证明行李内容和价格的凭证以及其他有关的证明。

第十二章　旅客服务

第一节　一般服务

第五十三条　承运人应当以保证飞行安全和航班正常，提供良好服务为准则，以文明礼貌、热情周到的服务态度，认真做好空中和地面的旅客运输的各项服务工作。

第五十四条　从事航空运输旅客服务的人员应当经过相应的培训，取得上岗合格证书。未取得上岗合格证书的人员不得从事航空运输旅客服务工作。

第五十五条　在航空运输过程中，旅客发生疾病时，承运人应积极采取措施，尽力救护。

第五十六条　空中飞行过程中，承运人应根据飞行时间向旅客提供饮料或餐食。

第二节　不正常航班的服务

第五十七条　由于机务维护、航班调配、商务、机组等原因，造成航班在始发地延误或取消，承运人应当向旅客提供餐食或住宿等服务。

第五十八条　由于天气、突发事件、空中交通管制、安检以及旅客等非承运人原因，造成航班在始发地延误或取消，承运人应协助旅客安排餐食和住宿，费用可由旅客自理。

第五十九条　航班在经停地延误或取消，无论何种原因，承运人均应负责向经停旅客提供膳宿服务。

第六十条　航班延误或取消，承运人应迅速及时将航班延误或取消等信息通知旅客，做好解释工作。

第六十一条　承运人和其他各保障部门应相互配合，各司其职，认真负责，共同保障航班正常，避免不必要的航班延误。

第六十二条　航班延误或取消时，承运人应根据旅客的要求，按本规则第十九条、第二十三条的规定认真做好后续航班的安排或退票工作。

思考题

1. 请简述行李托运及其分类。
2. 行李托运有哪些限制性的规定？
3. 概述行李运输过程各环节服务工作内容。
4. 旅客发生托运行李丢失而不知如何解决时，请你告诉他处理的方法及步骤。
5. 说一说机场行李的托运过程。

案例分析题

2013年12月3日，苏小姐乘坐××至××航班于13时25分抵达目的地机场后，发现随机托运的行李不见了。由于行李内有带给亲友的贵重礼物，还有小孩的奶粉，所以苏小姐立刻与出发地机场进行了联系。经查询得知，由于机场方面的原因，造成行李没能同机发送。作为一名空港工作人员，你如何处理这一问题？

社会实践题

请同学们上网搜索中国东方航空公司和中国南方航空公司的网站，浏览这两个公司网站的行李服务内容，总结这两个航空公司行李服务内容的特点有何不同，它们各有何优点及各存在什么缺点？如有不完善之处，请你设计一个更加完善的行李服务流程。

第三章　旅客服务

学习目标

1. 了解航空公司的定义和分类。
2. 理解机场和航空公司的关系。
3. 熟悉民航服务常用英语及缩写。
4. 掌握值机服务流程。
5. 了解值机异常情况处理。
6. 了解特殊旅客服务。

案例导读

面对这种情况，你将如何处理？

2007年7月某日执行MU5634（乌鲁木齐—上海）航班，在乘务组全部工作结束后大概在21:10分巡视客舱时，24F的一名旅客问正在巡视客舱的男乘务员：“现在飞到哪里了？”乘务员回答：“我也不知道。”旅客听后对于乘务员的回答非常不满，于是张口说：“你是、是……啥饭的！”乘务员因为没听清就回头问了一下，旅客当时正看着窗户外面没有理会乘务员说什么，于是乘务员就拉了一下旅客的袖子，继续询问旅客：“先生您刚才说什么，有什么事吗？”于是旅客就说：“你是……饭的？你白干这工作的了！”乘务员听后有些生气，没有很好地控制情绪与旅客发生了争执，最后该旅客要意见卡投诉乘务员，经乘务长努力调解但旅客仍表示不接受道歉。

问题：

遇到上述情境，如果你是乘务员，会如何处理？

第一节　民航服务基础知识

一、航空公司知识

（一）航空公司的定义

航空公司是以飞机为运载工具，为乘客和货物提供航空服务的企业，它们一般需要得到官方批准或认可的运行证书。航空公司运营的飞机可以是自有的，也可以是外租的；他们可以独立提供服务，也可以与其他航空公司合伙或者组成联盟。航空公司的服务范围可以分为洲际、洲内和国内，也可以分为航班服务和包机服务。

（二）航空公司的分类

航空公司可以按照多种方式进行分类：

① 按公司规模分，如大型航空公司、小型航空公司。

② 按飞行范围分，如国际航空公司、国内航空公司。

③ 按运输的种类分，如客运航空公司、货运航空公司。

④ 按工作时间分，如定期航空公司、不定期航空公司。

（三）航空公司联盟

各国航空公司组成跨国、跨地区的航空联盟，共享资源，强化竞争力。其成员航空公司在航班、票务、代码共享、转机、飞行常客计划、机场贵宾室以及降低支出等多方面进行合作。目前主要的航空联盟有寰宇一家、天合联盟、星空联盟等。

1. 寰宇一家联盟

寰宇一家（One World）是 1999 年 2 月 1 日正式成立的国际性航空公司联盟。由 5 家分属不同国家的大型国际航空公司发起结盟，其成员航空公司及其附属航空公司亦在航班时间、票务、代码共享（共挂班号、班号共享）、乘客转机、飞行常客计划、机场贵宾室以及降低支出等多方面进行合作。

目前寰宇一家联盟成员有：

- 美国航空公司（US）；
- 英国航空公司（BA）；
- 国泰航空公司（CX）；
- 芬兰航空公司（AY）；
- 伊比利亚航空公司（IB）；
- 智利航空公司（LA）；
- 匈牙利航空公司（MA）；
- 日本航空公司（JL）；
- 澳洲航空公司（QF）；
- 约旦皇家航空公司（RJ）；
- 墨西哥国家航空公司（MX）；
- 新西伯利亚航空公司（S7）。

2. 天合联盟

天合联盟（Sky Team）是 2000 年 6 月 22 日由法国航空公司、达美航空公司、墨西哥国际航空公司和大韩航空公司联合成立的国际航空服务网络。2004 年 9 月与飞翼联盟（也译为航翼联盟）合并后，荷兰皇家航空公司以及美国西北航空公司亦成为其会员。

目前天合联盟成员有：

- 达美航空公司(DL)；
- 美国西北航空公司(NW)；
- 法国航空公司(AF)；
- 荷兰皇家航空公司(KL)；
- 意大利航空公司(AZ)；
- 捷克航空公司(8F)；
- 中国南方航空公司(CZ)；
- 大韩航空公司(KE)；
- 墨西哥国际航空公司(MX)；
- 越南航空公司(VN)；
- 东方航空(MU)。

3. 星空联盟

星空联盟(Star Alliance)是于1997年5月14日正式成立的国际性航空公司联盟，初期是由5家分属不同国家的大型国际航空公司结盟，藉由共享软硬件资源与航线网等方式，强化联盟各成员竞争力。星空联盟标语为“地球连结的方式(The way the Earth connects)”，取代了之前的“地球的航空网络(The airline network for Earth)”。

目前星空联盟成员有：

- 加拿大航空公司(AC)；
- 新西兰航空公司(NZ)；
- 全日空航空公司(NH)；
- 韩亚航空公司(OZ)；
- 奥地利航空公司(OS)；
- 英伦航空(BD)；
- 波兰航空公司(LO)；
- 德国汉莎航空公司(LH)；
- 北欧航空公司(SK)；
- 新加坡航空公司(SQ)；
- 西班牙航空公司(JK)；
- 葡萄牙航空公司(NI)；
- 泰国国际航空公司(TG)；
- 美国联合航空公司(UA)；
- 全美航空公司(US)；
- 南非航空公司(SA)；
- 瑞士航空公司(SR)；

- 埃及航空公司(MS)；
- 中国国际航空公司(CA)；
- 上海航空公司(FM)；
- 巴西航空公司(RG)；
- 土耳其航空公司(TK)；
- 印度航空公司(AL)。

二、机场与航空公司的关系

简单来说，机场和航空公司是相互依存的关系。对航空公司而言，机场是其整个航线网络上的节点，它需要机场为其提供相应的设施和服务。对于机场来说，航空公司是主要的客户，航空收入的主要来源，因为机场需要提供必要的设施、设备和服务来尽量满足航空公司的要求。

通常，机场提供场地供航空公司使用，并为不同航空公司提供共同的需求，如安检、与其他交通交接等，也提供差异化的服务。航空公司租用机场的场地起降、停放飞机，并为机场提供的公共服务如安检等摊派付费；此外部分本应由航空公司自行提供的服务，如航食、客舱清洁、地面维修等，由于非航空公司主基地无力提供的或成本过高的，也会委托机场代为执行。

机场和航空公司面对着一个共同的服务对象——广大旅客。能否为旅客提供优质的服务，事关机场和航空公司的生存与发展。服务就像一条纽带，把机场和航空公司这两个独立的经济体紧密地联结在一起。只有提供优质的服务，才会吸引越来越多的旅客和客户选择机场出行，相应的客、货运量才会越来越大。航空公司的业务量加大了，市场前景才会越来越广阔，从而进入一个良性循环，最终实现双赢的局面。

三、首都机场运营航空公司一览

首都机场 1 号航站楼航空公司名单 Terminal 1 Airlines List	
CN 大新华航空有限公司	GS 大新华快运航空有限公司
JD 金鹿航空有限公司	HU 海南航空公司(国内航班)
京沪空中快线 (大新华航班)	

首都机场 2 号航站楼航空公司名单 Terminal 2 Airlines List	
MU 中国东方航空公司	ZH 深圳航空公司
OQ 重庆航空公司	京沪空中快线 (东航、南航、海航航班)
KE 大韩航空公司	SU 俄罗斯国际航空公司
KL 荷兰皇家航空公司	JS 朝鲜航空公司

续表

首都机场2号航站楼航空公司名单 Terminal 2 Airlines List	
ET　埃塞俄比亚航空股份公司	E3　多莫杰多沃航空公司
GA　印度尼西亚鹰航空公司	UM　津巴布韦航空公司
MH　马来西亚航空公司	FV　普尔科沃航空公司/俄罗斯国家航空公司
T5　土库曼斯坦公司	HY　乌兹别克航空公司
H8　远东航空公司	HZ　萨哈林航空公司
CZ　中国南方航空公司	EU　鹰联航空公司
HU　海南航空公司(国际航班)	MF　厦门航空公司
CO　大陆航空公司	AF　法国航空公司
NW　西北航空公司(美)	KC　阿斯塔纳航空公司
PK　巴基斯坦航空公司	PR　菲律宾航空公司
XF　海参崴航空公司	7B　克拉斯诺亚尔斯克航空公司
OM　蒙古航空公司	UL　斯里兰卡航空公司
VV　乌克兰空中世界航空公司	IR　伊朗国家航空公司
VN　越南航空公司	

首都机场3号航站楼航空公司名单 Terminal 3 Airlines List	
CA　中国国际航空公司	FM　上海航空公司
京沪空中快线　(国航、上航航班)	OS　奥地利航空公司
LH　德意志汉莎航空公司	AC　加拿大航空公司
NH　全日空航空公司	MS　埃及航空公司
SQ　新加坡航空公司	CX　国泰航空公司
BA　英国航空公司	KA　港龙航空公司
LY　以色列航空公司	S7　俄罗斯新西伯利亚航空公司
LO　波兰航空公司	SC　山东航空公司
3U　四川航空公司	SK　北欧航空公司
OZ　韩亚航空公司	UA　美国联合航空公司
TK　土耳其航空公司	TG　泰国国际航空公司
AY　芬兰航空公司	QF　澳大利亚澳洲航空公司
JL　日本航空公司	EK　阿联酋航空公司
QR　卡塔尔航空公司	NX　澳门航空公司
EY　阿联酋阿提哈德航空公司	CI　台湾中华航空公司
BR　长荣航空公司	AE　华信航空公司
NZ　新西兰航空公司	

第二节　民航服务常用英语及缩写

英文缩写	中文释义	英文释义
ACC	接收	Accept
ATT	注意	Attention
AUTH	授权	Authorize
ARR	进港	Arrive
ATA	实际到达时间	Actual Time of Arrival
ATD	实际起飞时间	Actual Time of Departure
APIS	旅客证件信息	Advanced PAX Information System
APIS		Advanced PAX Information
APD		Advanced PAX Details
AVIH	货仓动物	Animal in hold
AVBL	可用的	Available
BKG	订座	Booked
BLND	盲人	Blind
BN	登机号	Boarding NO.
BP	登机牌	Boarding pass
BT	行李条	Baggage tag
CBBG	手提行李	Cabin bag
CCL	公务舱	Business class
CFG	布局	Configuration
CHD	儿童	Child
CKIN	值机手续	Check in
CPN	票联	Coupon
CFMD	已确认	Confirmed
CFM	确认	Confirm
CTC	联系	Contact
CRW	机组	Crew
DEAF	聋人	Deaf
DEPO	遣返	Deportee

续表

英文缩写	中文释义	英文释义
DEPA	有人押送的遣返	Deportee-accompanied
DEPU	无人押送的遣返	Deportee-unaccompanied
D/G(DNGR)	降舱	Down grade
DTE	日期	Date
DOB	生日	Date of birth
DOJ	入司时间	Date of Joining
ET/ETKT	电子机票	Electronic ticket
ETA	预计到达时间	Estimated Time of Arrival
ETD	预计起飞时间	Estimated Time of Departure
EXST	额外占座	Extra Seat
FCL	头等舱	First class
FIM	不正常航班信息单	Flight interruption manifest
FLT	航班	Flight
FQTV	常旅客	Frequent Traveler
FOC	免费	Free of Charge
FRAG	易碎	Fragile
GMT	格林威治时间	Greenwich Mean Time
GRP	团队	Group
IATA	国际航空运输协会	International Air Transport Association
ICAO	国际民用航空组织	International Civil Aviation Organization
INAD	原机遣返	Inadmissible Passenger
INF	婴儿	Infant
INFO	信息	Information
INVOL	非自愿	Involuntary
LMC	最后更改	Last minute change
MAAS	需要帮助	Meet and Assist
MCO	杂项收费单	Miscellaneous Charge Order
MEDA	病人	Medical case
MSG	信息	Message
NBR/No.	数字	Number
NM	名字	Name

续表

英文缩写	中文释义	英文释义
NOREC	无记录旅客	No Record PAX
NON-END	不得签转	Not Endorsable
NON-REF	不得退票	Not Refundable
PAX	旅客	Passengers
PETC	客舱宠物	Pet in cabin
PIL	旅客信息名单	Passenger information list
PSM	旅客特殊信息	Passenger Service Message
PLS/PLSE	请	Please
PNR	旅客记录	Passenger Name Record
PSPT/PPT	护照(信息)	Passport
PTA	预付票	Prepaid ticket advice
RQST	请求	Request
REGN	注册号	Registration
SBY	候补、待命	Standby
SEMN	海员	Seaman
SVC	服务	Service
STF	员工	Staff
STA	计划到达时间	Schedule time of arrival
STD	计划离岗时间	Schedule time of departure
STCR	担架旅客	Stretcher Passenger
TCP	与其他团员一起	The Complete Party
TEL	电话	Telephone
TRVL	旅行	Travel
TTL	总数	Total
THKS	谢谢	Thanks
TKT	机票	Ticket
TWOV	转机无需签证	Transit Without VISA
UM	无人陪伴儿童	Unaccompanied minor
U/G(UPGR)	升舱	Up grade
VIA	经过	By way of
VIP	重要旅客	Very Important Passenger

续表

英文缩写	中文释义	英文释义
VOL	自愿	Voluntary
WCHR	轮椅旅客	Wheelchair Ramp
WCHS		Wheelchair on Step
WCHC		Wheelchair in Cabin
XBAG	超重/额外行李	Excess baggage
YCL	经济舱	Economy class
YP	年轻旅客(12～17 岁)	Young passenger
SPML	特殊餐食	Special Meal
BBML	婴幼餐	Baby Food/Infant
CHML	儿童餐	Child Meal
MOML	穆斯林	Moslem Meal/Muslim Meal
KSML	犹太餐	Kosher Meal
HNML	印度餐	Hindu Meal
SFML	海鲜餐	Seafood Meal
LCML	低卡路里	Low Calorie Meal
LFML	低脂餐	Low Fat Meal
BLML	胃病餐	Bland Meal
GFML	无麸质餐	Gluten Free Meal
DBML	糖尿病患者餐	Diabetic Meal
NLML	不含乳制品餐	Non-Lactose
LPML	低蛋白餐	Low Protein Meal
LSML	低钠盐餐	Low Sodium Meal
HFML	高纤维餐	High Fiber Meal
FPML	水果餐	Fruit Plate
ORML	东方餐	Oriental Meal
VGML	素餐	Vegetarian Meal
VLML	西式素餐	Western Vegetarian Meal
AVML	亚洲素餐	Asian Vegetarian Meal

第三节　值机服务

一、值机准备工作

（一）始发站的值机准备工作

1. 航班飞行前一天的准备(提前24小时)

① 机型/机号、计划起飞时间、预报人数。

② 核对航班计划。

③ 准备登机牌(手工办理航班要写上航班号、日期、舱位、提醒登机信息)。

④ 准备行李条、特殊标志牌等。

2. 航班飞行当天准备情况

① 了解航班动态情况:天气或其他飞机不能正点起飞的原因。

② 核对旅客人数有无大量增减。

③ 手工办理信息时,应检查手工座位布局图与机型座位布局是否相符。

④ 掌握VIP信息、特殊服务旅客信息及其登机要求、座位预留情况等。

⑤ 根据座位占用电报(SOM)了解联程信息,必要时单独设立行李集装箱。

⑥ 检查对讲机、磅秤、计算机等设备是否在可用状态。

⑦ 准备航班操作单据,提前打印航班操作信息备用。

⑧ 准确掌握进港航班到达时间及停机位。

（二）中途站的值机准备工作

① 查阅从前方站发来的载重电报,明确过站旅客人数及可利用业载。

② 查阅从前方站发来的座位占用情况电报(SOM)。

③ 为经停旅客准备过站旅客登机牌(手工办理手写座位号、航班号、区分登机牌颜色)。

④ 做好特殊旅客服务准备工作。

⑤ 准确掌握过站航班的到达时间及停机位。

二、查验客票

查验客票包括四个方面,即合法性、有效性、真实性和正确性。旅客乘坐飞机必须交验有效客票,承运人自办理乘机手续至到达目的地的这段时间里,都有权查验旅客的客票。

（一）客票的合法性

客运企业出售的客票应符合我国和国际的有关规定,并为空运企业承认和接受。包括:

① 查验客票的出票人是否与本公司有相关的代理业务或财务结算关系。

② 查验客票乘机联是否符合签转规定，是否加盖了签转章。

③ 查验客票是否已经通知声明挂失。

（二）客票的有效性

1. 查验纸质客票

① 查验所接受的乘机联的运输有效航段、承运人，必须与实际承运的航段和承运人一致。

② 客票各联页是否齐全，所接受的客票应具备乘机联和旅客联，任何情况下不得接受无旅客联的单张乘机联。

③ 查验客票填写是否完整，如果接受不定期客票，须将承运人、航班、日期、订座情况补填在客票上，方为有效。

④ 查验客票是否在有效期内（有效期通常为一年），旅客必须在客票有效期内完成客票上列明的中途分程、联程、回程的全部航程。

2. 查验电子客票

查验电子客票代码即可。

（三）客票的真实性

客票的真实性是指客票本身和客票上所反映的情况都是真实的，不得伪造或涂改。

（四）客票的正确性

客票的正确性是指客票乘机联上的内容正确无误。包括：

① 承运人实际承运的航段与乘机联上标记的航段一致。

② 实际承运人与乘机联上指定的承运人一致。

③ 客票所采用的运价正确，与座位等级、航程、折扣、特种票价一致。

④ 客票上所用各种代号正确。

三、查验旅客旅行证件

① 办理值机手续时应查验客票上的旅客姓名是否与值机系统和旅行证件上显示的名字一致。

② 检查旅行证件上的照片是否与本人一致。

③ 检查旅行证件的有效期限是否符合目的地国家、转机国家的要求。

④ 检查旅客是否持有目的国家、转机国家要求的入境、过境许可。

四、座位布局及发放

（一）基本要求

① 旅客座位的安排，应符合飞机载重平衡要求。

② 团体、家庭或一同旅行的旅客应安排在一起。

③ 不同政治态度和不同宗教信仰的旅客，不要安排在一起。

④ 僧侣与女性不要安排在一起。

⑤ 无人陪伴儿童与男士不要安排在一起。

⑥ 国际航班在国内航段载运国内旅客时应与国际旅客分开安排。

⑦ VIP 或需要照顾的旅客，按旅客所定舱位等级情况及人数，预留相应座位。

⑧ 经停站有 VIP 或需要照顾的旅客，事先通知始发站留妥合适座位。

⑨ 携带外交信袋的外交信使及押运员应安排在便于上下飞机的座位。额外占座的外交信袋座位要与押运员安排在一起，外交信袋须靠窗。

⑩ 担架旅客应按机舱担架位置发放。

⑪ 应急出口座位应严格按规定发放。

（二）座位预留原则

有些旅客在各机票代理处购票时，对座位会提出一些要求，售票人员会将他们的要求录入系统中。一般会有专门的人员在办理登机手续前为其安排需要的座位。另外，为了有效提高旅客服务质量，值机人员还会为一些特殊旅客提前预留座位。一般来说，座位预留的基本原则是：

① 头等舱、商务舱、VIP 旅客、航空公司高级别等旅客保证预留座位。

② 带婴儿旅客：安排有额外氧气罩座位，尽可能将邻近座位留空，无论婴儿是否得到摇篮。

③ UM/YP：无人陪伴儿童或年轻旅客安排在靠近厨房位置，应尽可能将其临近座位留空或安排女士，多个 UM 或 YP 尽可能安排在相同座位区域，便于机组照顾。

④ 旅行中需要安全监管的旅客，如囚犯、暴力分子、遣返旅客等，必须安排在飞机后部，不能安排在紧急出口或和其他人坐在一起。

⑤ 轮椅旅客：应安排在前排走道位置。

⑥ 夫妻、团队或家庭：预留座位，应确保能坐在一起。

⑦ 为在订位时对座位有需求的旅客预留座位。

⑧ 如订位时没有优先的要求，在值机时应询问旅客有无座位需求。

⑨ 未能满足旅客对座位的要求时，要礼貌耐心地解释，选择一个最好的可利用座位给旅客。

⑩ 为满足旅客联程座位需要，如有必要，可向下一站拍发电报请求协助满足后续航班中旅客的座位需求。

⑪ 最后使用最少选用座位。

（三）最少选用座位

在机舱内座位安排过程中有较多座位空余时，有些座位应尽可能少地占用或安排旅客乘坐。例如：

① 机组休息座位。

② 接近厨房、厕所或舱门的座位。

③ 担架周围的座位。

④ 有娱乐设施而无法使用的座位。

⑤ 挡板后的走廊位。

⑥ 经济舱最后一排的座位。

（四）特殊旅客座位安排

① VIP/CIP/FQTV，不可使用最少选用座位。

② 病弱旅客，最好为其安排走廊座位，尽量接近洗手间，不可安排紧急出口位及周围座位。

③ 担架旅客，每架飞机只能容纳一个担架旅客，必须有陪同人员一起旅行。

④ UM/YP：非吸烟区的走廊位置，旁边座位最好安排女士，靠近厨房附近，便于机组照顾。不可安排在紧急出口旁的座位。

⑤ 残障旅客，不能安排在紧急出口位置，可安排在过道位置。

⑥ 僧侣，一般安置在窗口位置，旁边留空。如需发放旁边座位，则应安排男士。

⑦ 外交信使，为信使和所携带的信袋预留两个临近的靠舱壁座位。

（五）分配座位防止出现的错误

① 不要占用为下航站旅客或转机旅客预留的座位。

② 避免将最少选用座位分配给腿部较长的旅客。

③ 如有担架旅客，避免将普通旅客安排在其周围。

④ 不能分配至紧急出口的旅客：残疾旅客、生病或体弱的旅客、老人或过于肥胖的旅客、带婴儿或儿童的旅客、孕妇、无人陪伴儿童和年轻旅客。

（六）值机柜台关闭

航班离站前30～60分钟（根据航空公司规定），停止接收旅客，清点客票和行李牌。实行“全开放”柜台方式办理值机手续的，航班控制人员将在航班规定的离港时间前所规定的时间内，在离港系统中初始关闭。航班初始关闭后，值机柜台将无法再接收被关闭航班的旅客。

航班剩余座位在没有特殊要求预留的情况下，可按规定妥善安排未能按时中转或晚到的旅客，如果另有余位，及时报值班主任了解是否有特殊旅客要优先候补，然后通过候补票台进行补票。

航班超售时，可在柜台关闭前10分钟安排免费升舱、JUMP，将空出座位进行妥善发放。

对迟到的旅客，在其客票的背面或系统信息中注明迟到的时间，然后替旅客办理改签或退票手续，在不影响航班正点的前提下，可根据现场情况，经值班主任同意后予以办理乘机手续。

在值机手续截止办理后，值机人员开始清点票联并与电脑信息进行核对，确认机上人数报出港边防；清点出港行李件数报行李装卸人员。

旅客登机完毕后，值机人员上飞机与乘务人员当面交接旅客人数，待载重平衡人员交接完毕且边防放行后，飞机方可关上舱门。

第四节 值机异常情况处理

一、航班超售应对策略

（一）航班超售的产生及座位虚耗的原因

1. 航班超售的概念

航班的订位总人数多于航班可利用座位，称为超售。

2. 航班超售的产生

为了尽可能利用航班座位，减少座位虚耗，航空公司会有意超售5%～10%。如果旅客因此没有坐上这一班飞机，航空公司会通过赔款、转机等方法来解决，但实际操作中还是会引来投诉。

3. 座位虚耗的原因

① 旅客未出现在机场(No-show)；

② 重复订座；

③ 虚假订座；

④ 旅客错过衔接航班；

⑤ 航空公司不要求旅客“再确认”机票。

（二）航班超售的应对办法

超售如果处理不得当，将会引发旅客与航空公司之间的争端，导致旅客投诉和航班延误等严重后果。

为了避免此类情况发生，主要应对方法为航空公司通过提供一定的补偿，在航班操作过程中提前找出旅行时间有弹性的旅客作为志愿者，推迟旅行。

当在没有可利用座位时，这些志愿者可以让出座位给更需要的人。这样既避免了争端，在尽可能达到旅客满意的同时又能够保障航班的正常操作。

志愿者应该享有的权利：

① 提供休息的酒店(如需要)；

② 解决因无法旅行而产生的交通费用；

③ 将旅客签转其他航空公司；

④ 为旅客免费订好下一趟航班，并确保旅客顺利旅行；

⑤ 如果旅客有联程航班，也需要为旅客订好；

⑥ 对旅客不能旅行的损失进行赔偿(根据各航空公司规定而执行)。

(三) 非自愿拉下

当没有充足的旅客充当志愿者时,我们需要将多出来的旅客拉下(OFFLOAD,DENYBOARDING)。这种情况,我们称为非自愿拉下。

非自愿拉下不可以选择:

① 要客;

② 无人陪伴儿童;

③ 需特殊照顾的旅客;

④ 轮椅/担架旅客;

⑤ 有转机的旅客;

⑥ 海员;

⑦ 紧急公务出差;

⑧ 外交信使。

非自愿拉下旅客应享有的权利:

① 提供休息的酒店(如需要);

② 解决因无法旅行而产生的交通费用;

③ 将旅客签转其他航空公司;

④ 为旅客免费订好下一趟航班,并确保旅客顺利旅行;

⑤ 如果旅客有联程航班,也需要为旅客订好;

⑥ 对旅客不能旅行的损失进行赔偿(根据各航空公司规定而执行)。

(四) 非自愿升舱

有时低舱位订位人数超过该舱可利用座位,而高舱位还有空闲座位时,我们并不需要将所有经济舱多出来的旅客非自愿拉下。根据尽可能利用座位的原则,航空公司会选择一部分旅客免费升舱到高级舱位。这种情况,我们称为非自愿升舱。

非自愿升舱不可选择:

① 带儿童的旅客;

② 团队成员;

③ 轮椅/担架旅客;

④ 无人陪伴儿童;

⑤ 穿着不得体旅客。

非自愿升舱旅客操作注意事项:

① 旅客只在本航班享受新舱位机上的部分服务;

② 旅客不享受新舱位所对应的地面服务项目;

③ 预订特餐的旅客在很多航空公司都是不可非自愿升舱的。如果可以升舱,则旅客也不得更换新舱位餐食。

二、不正常航班工作业务

（一）不正常情况的特点和判定

① 没有在 STD 前关闭机舱门。

② 没有在 STD 后 15 分钟内起飞。

③ 没有在公布的到达站正常着陆。

④ 此外,航班离岗系统出现问题无法正常使用也常被归类至不正常情况。

存在以上任意一点,我们即可判定该航班为不正常航班。

（二）不正常航班原因分类

1. 承运人原因

由于航空公司自身原因,造成航班在始发地延误或取消的,必要时航空公司应当向旅客提供餐食或住宿等服务。

承运人原因主要有以下几种：

① 飞机晚到(late arrival)；

② 调配原因(operational reasons)；

③ 机械故障(technical reasons)；

④ 电源设备原因(power unit reason)。

2. 非承运人原因

由非承运人原因造成航班在始发地延误或取消的,航空公司应协助旅客安排餐食和住宿,费用由旅客自理。

非承运人原因主要有以下几种：

① 天气原因(adverse weather condition)；

② 大雾(heavy fog)；

③ 大雪(heavy snow)；

④ 雷雨(thunderstorm)；

⑤ 暴雨(rainstorm)；

⑥ 对方机场关闭(airport closure at origin station)；

⑦ 空中交通管制(air traffic control)；

⑧ 军事演习(military exercise en-route)；

⑨ 地震(earthquake)。

此外,航班延误还有可能是联检单位或旅客本身所引起的,也归类于非承运人原因。

（三）计划内取消

由于运营等问题,航空公司有时会有计划地取消航班。往往由于计划取消时间较早,航空公司可以做出充分的准备。一般,会尽可能通知所有预定该班航班的旅客。处理此类情况时，有以下要点：

① 在计划取消航班的运营之日，机场的值机柜台可视情况来开放，一般只需开放1～2个，接待少数没有接到取消通知的旅客；

② 如果航空公司由于某些原因没有通知旅客，则需要正常开放值机柜台，并由值机人员接待所有旅客；

③ 为每名旅客发放道歉信；

④ 安排好旅客的食宿问题，并为有需要的旅客提供信息通知服务及航班取消证明；

⑤ 做好旅客的改期/签转工作，并为旅客提供退票及投诉的服务信息。

（四）计划内延误

计划内延误一般指航空公司较早（至少在值机柜台开放前）得到航班延误信息的情况。

处理此类情况时，有以下要点：

① 航空公司需要及时将延误信息通过航显系统进行公示；

② 根据延误时间的长短，对有联程的旅客做出妥善安排；

③ 为旅客提供信息通知表、道歉信和延误证明；

④ 如果延误时间较短，可安排旅客在登机口等待并提供延误餐；

⑤ 如果延误时间较长，则可暂时不为旅客办理手续，而是安排酒店供旅客休息。

（五）计划外延误

计划外延误一般指在航班运营过程中，得到航班延误的消息。此类情况具有突发性、紧急性等特点，需要航班决策人员做出及时准确的决断。计划外延误很有可能衍变为计划外取消，也需要提前做好备案。

处理此类情况时，有以下要点：

① 了解延误原因、延误预计时间和航班取消的可能性；

② 及时联络各有关部门的工作人员，使其尽快赶到现场处理各类不利于航班正点起飞的因素；

③ 做好值机柜台和登机口的信息通知和解释工作；

④ 妥善安排旅客的联程问题；

⑤ 如果必要，安排好延误餐。

（六）计划外取消

此类情况多数是计划外延误的延续，流程非常复杂，也是最考验登机口团队操作能力的一种情况。

处理此类情况时，有以下要点：

① 在得知航班取消的消息后，要立刻安排酒店住宿和交通相关事宜，妥善安排旅客的交通和食宿。

② 与行李部门沟通旅客提取行李的的位置。

③ 同时与联检单位进行协调，确定旅客倒流程路线，并在各个路口及联检单位办理处安排人手指引旅客。

④ 倒流开始前，先在登机口进行航班取消广播。广播内容不仅要包括取消原因、诚挚道歉，还要告知旅客接下来航空公司的安排。如：安排旅客去酒店休息，航班在何时会补班出港等。

⑤ 在登机口发给旅客转机卡，并在旅客倒流过边防柜台时收回，用于确定人数。

⑥ 在组织旅客倒流时要耐心细致，保证无人掉队，所有旅客过完边防后要与边防统计人员核对倒流人数。

⑦ 离开边防柜台后，要由员工带领旅客提取托运行李，然后安排旅客乘车去酒店，要分清旅客舱位，提供不同的食宿安排。

⑧ 如果有旅客存在特殊情况，不能接受航空公司做出的安排，可开放若干值机柜台为旅客办理签转手续。

⑨ 将值机系统中所有旅客信息更改为拉下状态。

第五节　特殊旅客服务业务

一、特殊旅客概述

特殊旅客又称特殊服务旅客，是指在接受旅客运输和旅客在运输过程中，承运人需给予特别礼遇，或者给予特别照顾，或者需要符合承运人规定的运输条件方可承运的旅客。

特殊旅客包括重要旅客、担架旅客、轮椅旅客、盲人/聋哑人旅客、无成人陪伴儿童、年轻旅客、孕妇旅客，儿童/婴儿旅客、犯罪嫌疑人及其押解人员、酒醉旅客、团队旅客、外交信使和海员等。

为什么我们要做好特殊旅客服务呢？主要有两方面原因：

① 特殊旅客服务能够深层次体现出航空服务的水平，是否真诚贴心，可以说这是提升空中和地面服务的关键。

② 特殊旅客服务可以提升乘客的乘机感受，使人们对航空服务有更深的认同感，从而提升旅客对航空服务的认可度。

特殊旅客服务是非常重要的，任何疏忽都会降低旅客的航空服务体验，甚至造成航空运输安全问题。但同时特殊旅客服务也存在着难点，这是因为特殊旅客出现几率较低，一线工作人员处理经验较为缺乏。每年由此导致的服务问题和投诉数量都是非常巨大的。

二、特殊旅客服务的一般解决方案

① 旅客如果因身体状况不适合航空旅行,航空公司有权利拒载。

② 特殊旅客需在订票时提出申请。

③ 特殊旅客的数量由票务预订部门控制。

④ 票务预订部门会将特殊旅客的详细服务信息输入电脑系统的预订信息项中,便于机场工作人员查询。此外特别重要的信息还要派发电报通知沿途各航站点,提高航站对信息的重视程度。

三、要客的出港服务保障

(一) 要客范围

① 一类:VVIP(国家级最重要客人)和国家指定保密客人,包括四副两高,即国家副主席、国务院副总理、全国人大副委员长、全国政协副主席、最高人民法院院长、最高人民检察院院长。

② 二类:VIP(国家级一般重要客人),一般指副部级以上的国家干部。

③ 三类:CIP(商务要客),一般指知名企业的主要领导。

(二) 售票要求

① 要认明要客身份,一般以工作证或军官证为准。

② 出票要求:为旅客填开机票时,需要在姓名后加注 VVIP/VIP/CIP 等字样。

③ 信息传递:票务预订员工将旅客详细身份信息加标注存入旅客订座信息页面下,便于机场工作人员查看。部分特别重要旅客需要再额外拍发电报给机场及沿途各个航站点。

(三) 重要旅客服务保障流程

从首都机场 T3 航站楼出港的重要旅客,根据级别可分为“大流程”和“小流程”两类。“大流程”要客与普通旅客出港流程相同;而“小流程”要客可以享受免检或礼遇待遇。其中副部级以上经过申报的要客才有资格办理“小流程”出港手续。

1. “大流程”要客服务保障流程

值机员工要仔细确认旅客身份,认真做好记录。办理行李托运时,要在行李上拴挂 VIP 标签。在柜台办理结束后将所有要客信息汇总,并通知登机口值机员工,以便登机操作的顺利进行。

2. “小流程”要客服务保障流程

值机员工要确认清楚旅客身份,仔细核对免检信上的相关信息,认真做好记录。即使旅客本人没有出现在值机柜台,仍然可以为旅客办理值机手续并托运行李。要保证行李托运的实名制,在行李上拴挂 VIP 标签;及时通知特服部,特服员工要全程陪送要客旅客直至登机。

（四）登机口操作

"大流程"要客可以优先登机，但无特殊通道。

"小流程"要客可从机坪乘车至机下直接登机，这就需要员工与要客及随行人员确认好登机时间并做好安排。要客登机时需有专人进行检票的工作，并根据要客所具备的勤务情况，来适当控制其他普通旅客登机的进度。

四、婴儿的出港服务保障

（一）婴儿的年龄范围

婴儿的年龄范围为出生 14 天至 2 周岁之间。如婴儿出生在 14 天以内需要旅行，则需要同时提供医生证明方可乘机。

（二）出票要求

① 出票前需检查婴儿的旅行证件，确认婴儿年龄。

② 婴儿票价一般是成人票价的 10%，无需缴纳机场建设税，但没有独立座位。

③ 为旅客填开机票时，需要在姓名后加注 INF 字样。

（三）带婴儿旅客的服务保障要点

① 因婴儿年龄在 2 周岁以下无法独自旅行，所以必须有成人陪同，且带婴儿的旅客需要安排婴儿摇篮位。

② 如果一个成人带领两个婴儿旅行，其中一个婴儿必须在 6 个月以上，且需要购买儿童票，按儿童办理。

③ 不能为带婴儿的旅客安排紧急出口位。

④ 带婴儿的旅客可优先登机，并且在登机时员工要给予旅客必要的协助。

五、儿童的出港服务保障

（一）儿童年龄范围

儿童年龄范围为 2～12 周岁之间。

（二）出票要求

① 儿童票价一般是成人票价的 50%，无需缴纳机场建设税。儿童所享受的航空服务待遇与成人相同，持儿童票的旅客是有自己的座位的。

② 为旅客填开机票时，需要在姓名后加注 CHD 或 MSTR 字样。

（三）带儿童旅客的服务保障要点

① 因为儿童无自理能力或自理能力较差，所以在航班较满的情况下，即使客人没有提前预订座位，也要尽量安排孩子与大人坐在一起。

② 在为儿童办理值机手续时，必须按儿童接收。否则电脑中重量不符，会影响到配载。

③ 带儿童的旅客可以优先登机。

六、无人陪伴儿童(UM)的出港服务保障

(一) 无人陪伴儿童的概念

年龄在5～12周岁之间独自旅行的儿童。

(二) 售票要求

① UM采用成人机票的运价原则。

② 在中转航站的转机时间有严格的上限规定。

③ 不得在中转的站点过夜或换候机楼。

④ 所有航段必须提前确认订妥座位。

(三) 机场服务保障要点

① 机场值机员工需要在受理UM时确认售票的各项规定是否被严格执行,以及电脑中旅客服务信息是否正确。

② 不能安排在紧急出口位。

③ UM的行李要拴挂行李优先条,并送至超规行李托运处办理托运,防止丢失。

④ 每一名UM在旅途中都需佩戴《无人陪伴儿童文件袋(UM FOLDER)》,内部装有UM的家庭联系人及详细联系方式、客票、行李票、旅行证件等。

⑤ UM可在值机手续办理后与父母或监护人在一起,并在规定的时间内回到柜台,由特服员工(要求为女员工)全程陪送至登机口登机。

⑥ UM最先或尽可能先登机,不能最后登机。

⑦ UM不能被拉下。

七、年轻旅客(YP)的出港服务保障

(一) 年轻旅客的概念

年龄在12～17周岁之间独自旅行的未成年人。

(二) 售票要求

① 在中转航站的转机时间有严格的上限规定。

② 不得在中转的站点过夜或换候机楼。

③ 所有航段必须提前确认订妥座位。

(三) 机场服务保障要点

① 机场值机员工需要在受理YP时确认售票的各项规定是否被严格执行,以及电脑中旅客服务信息是否正确。

② 不能安排在紧急出口位。

③ 行李送至超规行李托运处办理托运,防止丢失。

④ YP 可在值机手续办理后与父母或监护人在一起，并在规定的时间内回到柜台，由特服员工(要求为女员工)全程陪送至登机口登机。

⑤ YP 最先或尽可能先登机。

⑥ YP 不能被拉下。

八、轮椅旅客(WCHC)的出港服务保障

(一) 售票要求

根据机型不同，各个航空公司都规定了轮椅旅客最大接收数量。如超过规定数量，不仅有可能导致旅客服务质量下降，还会因为没有合适的空间安置轮椅旅客而造成危险。

(二) 航班前准备

航班控制人员首先应查询航班中轮椅旅客的数量与基本情况，提前安置好轮椅旅客的座位。

(三) 机场服务保障要点

① 值机员工在接受轮椅旅客时首先要确认旅客的身体状态，是否需要特殊医疗服务。

② 对已经申请轮椅服务的旅客，需确认系统中服务信息是否与旅客身体状况相符。

③ 如旅客临时申请轮椅服务，则要在值机系统中加入符合旅客情况的信息标注。

④ 登机时应让轮椅旅客先上，以便于后续登机的顺利进行。

注意：临时申请 WCHC 服务一般不会得到航空公司的同意。WCHC 旅客如果能够在飞机上自理，则可以单独旅行。

九、担架旅客的出港服务保障

(一) 售票要求

① 一般只能安排在经济舱。

② 需要购买 6 张机票。

③ 转机时间不得低于 3 小时。

(二) 航班前准备

① 航班控制员工要提前查询旅客服务信息，将旅客及其陪护人员座位安置在航班后部。

② 担架周围座位应是最少选用座位，尽量留空。

(三) 机场服务保障要点

① 员工在办理手续时要确认病人是否有医护人员陪同。

② 注意正确接收机票，在电脑系统中确认旅客的特殊服务信息是否齐全、正确。

③ 托运行李为 120 公斤，但手提行李为一名经济舱旅客的标准。

④ 将旅客的所有旅行信息通知登机口员工，以便登机的顺利进行。

十、外交信使的出港服务保障

（一）售票要求

① 外交信使乘机，应事先办妥订座和购票手续。

② 外交信使的座位可根据要求预留。如携带的机要文件或者信袋较多，应提前申请预留吨位。

③ 机要文件或者外交信袋如需占用座位，必须提前申请。

④ 售票人员在接受外交信使旅客购票后，应及时以电报或者传真方式通报始发站、经停站、目的站的服务保障部门。

（二）机场服务保障要点

1. 外交信袋作为随机行李的处理

① 值机柜台员工需正确为旅客办理登机手续，座位必须妥善安置，符合相关旅客服务规程。

② 一般要为旅客及信袋各办理一张登机牌，注明外交信使相关信息，并在办理后及时通报登机口员工。

③ 信袋必须由外交信使亲自拿进客舱。

2. 外交信袋作为托运行李的处理

① 外交信袋不享受免费行李限额，需按重收费。

② 外交信使需要做好安排，由另一名外交工作人员将信袋送至机下装舱。

③ 员工需协调好外交工作人员在机下操作的各项事宜，做好信息通报。

④ 飞机起飞前，外交信使务必登机。

十一、孕妇的出港服务保障

（一）售票要求

① 怀孕 27 周(含)以下的孕妇，可直接办理，不用开据医生证明。

② 怀孕 28～36 周(含)的孕妇属于高危人群，要在旅行前提供医生 3 天内开据的适宜乘机的诊断证明。

③ 孕妇怀单胞胎 36 周以上不允许旅行。

④ 孕妇怀双胞胎 32 周以上不允许旅行。

（二）机场服务保障要点

① 值机员工需要在接待旅客时判断旅客身体情况。

② 确认旅客是否需要医生证明，证明是否符合要求。

③ 不能安排在紧急出口位。

④ 可安排旅客优先登机。

十二、盲人/聋哑人的出港服务保障

处理机场服务保障要点

① 值机员工要正确使用语言，保持对旅客的尊重。

② 判断旅客的身体状况是否适宜飞行。

③ 一般安排走廊座位给旅客，不能安排紧急出口位。

④ 及时通知特服部，安排特服员工协助旅客出港。

十三、醉酒旅客的出港服务保障

（一）醉酒旅客的定义

醉酒旅客是指酒精、麻醉品或者毒品中毒，失去自控能力，在航空旅行中明显会给其他旅客带来不愉快或者可能造成不良影响的旅客。

（二）机场服务保障要点

① 值机员工要对旅客饮酒后的精神状态进行了解，判断旅客是否适合飞行。

② 如有必要，通知行李部门将旅客行李找出，在飞机下待命，做好临时拉下旅客的准备。

十四、有人陪伴遣返旅客及犯罪嫌疑人的出港服务保障

（一）售票要求

① 由公安机关出具购票证明，并限于运输始发地申请办理订座购票手续。

② 此类旅客购票出港时，售票员须查询该次航班是否有 VIP 购票。

（二）机场服务保障要点

① 值机员工在为此类旅客办理手续时，需要及时上报航空公司，确认是否接受。

② 座位安排尽量远离其他旅客，一般安排在飞机尾部。

③ 国际出港的航班需要与边防检查站确认好出港人数，防止信息传递出现偏差，影响飞机正点起飞。

十五、团队旅客的出港服务保障

（一）团队旅客范围

团队旅客范围为 10 人或以上，组成团队的旅客可以在团队特别登机柜台办理值机手续。

（二）团队办理的注意事项

① 注意检查团队每一个成员的旅行证件，如身份证、护照、签证和机票。

② 对团队旅客行李的特殊处理：

- 判断是否超重。
- 正确拴挂行李条。
- 根据不同团队拴挂不同颜色的团队标签。

（三）团队组织策略及沟通技巧

1. 团队组织策略的核心思想

保证旅客服务的同时，尽可能将团队的各项安排提前完成。

2. 与团队有效沟通并组织其有序完成出港流程的关键点：领队

领队对整个团队具有约束力和号召力。一个有经验的领队往往能够协助机场员工出色完成团队的出港任务。

3. 与团队沟通的技巧

① 让领队成为员工的“传话筒”，协助员工组织团队旅客快速高效完成手续的办理工作。

② 根据不同团队旅客素质及文化区别对待，采用不同的沟通方式。

③ 善于察言观色，了解团队的行为趋势，从而便于使用语言进行引导，使团队旅客不给航班操作带来负面影响。

十六、海员的出港服务保障

（一）售票要求

① 需检查海员证或相关身份证明，同时检查海员的出海任务书。

② 多数航空公司可以为海员办理海员票，此类机票的托运行李限额一般为 40 公斤。

③ 出票时，要尽可能为海员安排风险小、节省时间的行程，保证海员能够顺利到达目的地登船。

④ 出票后，需要在旅客订座记录信息页标注海员信息。

（二）机场服务保障要点

① 海员可能单独旅行，或组成大小不同的团体，但在办理行李时务必要注意行李的实名制托运。

② 注意检查海员的旅行证件，避免遣返的发生。

③ 与目的地船业公司保持密切联络，确保海员能够顺利登船。

思考题

1. 简要叙述值机服务主要提供哪些服务？

2. 特殊旅客分为哪几类?

3. 简述航班超售应对方法。

4. 不正常航班工作业务的特点有哪些?如何判定不正常航班工作业务?

案例分析题

某日某乘务组执行航班,大约 8:55 旅客开始登机,在此之前,乘务组已获知该航班有 27 名旅客,在最后一名旅客登机后,负责数客的二号乘务员查看计数器正好是 27 人,于是报告乘务长。此时,地面人员拿着舱单、申报单、货单等文件上飞机,乘务长询问:"是 27 位旅客吗?"地面人员确定地回答"是 27 位。"于是,二号乘务员就进行了"防登错机"广播,乘务长也忙着检查核对各种文件,一切就绪便报告机长,机长同意关门。乘务长和二号乘务员执行完"关机门前检查单"核对工作后关门。稍后,地面服务人员敲打舱门,机长通知乘务长开门,于是乘务组解除待命后开门,值机人员告诉乘务长,旅客少了一位,实际登机人数是 26 人,乘务组重新核对人数,证实确是 26 人。由于尚未登机的第 27 名旅客的证件有问题,修改舱单后飞机放行。

试分析造成这起事件的原因。

社会实践题

利用假期时间,由专业老师带队,到北京首都国际机场,体验京沪快线值机柜台、自助值机柜台、日韩线以及头等舱等部位的引导等服务。

第四章　联检服务

学习目标

1. 掌握联检的概念。
2. 了解海关的主要任务。
3. 了解边防的主要任务。
4. 熟悉护照的概念、种类、内容、有效期和合法性。
5. 熟悉签证的概念和种类。
6. 了解 TIM 的概念和内容。

案例导读

一架从法国装载宠物狗的飞机，需要在厦门高崎国际机场停留后飞往美国。请问：飞机在停靠厦门高崎国际机场期间，作为装载动物过境的飞机的检疫需要注意些什么？

联检是指由口岸单位对出入境行为实施的联合检查，对人员进出境由边检、海关、卫生检疫、动植物检疫联合进行检查。

第一节　海　关

海关是根据国家法律对进出关、境的运输工具、货物和物品进行监督管理和征收关税的国家行政机关。

海关的任务是依照《中华人民共和国海关法》和其他有关法律、法规，监管进出境的运输工具、货物、行李物品、邮递物品和其他物品，征收关税和其他税费；查缉走私；编制海关统计和办理其他海关业务。

一、进出境旅客通关

① 进出境旅客行李物品必须通过设有海关的地点进境或出境，接受海关监管。旅客应按规定向海关申报。

② 除法规规定的免验者外，进出境旅客行李物品应交由海关按规定查验放行。

③ 旅客进出境携有需向海关申报的物品，应报请海关办理物品进境或出境

手续。

④ 经海关验核签章的申报单应妥善保管，以便回程时或者进境后凭此办理有关手续。

二、进出境物品的管理

① 个人携带进出境的行李物品，邮寄进出境的物品，应当以自用、合理数量为限，接受海关监督。

② 进出境物品的所有人应当如实向海关申报，接受海关查验。

③ 海关加施的封条，任何人不得擅自开启或损毁。

④ 进出境邮袋的卸装、转运和过境应接受海关监督。

三、行李物品和邮递物品的征税办法

为了简化计税手续和方便纳税人，中国海关对进境旅客行李物品和个人邮递物品实施了专用税则、税率。

第二节　边　防

边防检查站是国家设在口岸以及特许的进出境口岸的入出境检查管理机关，是代表国家行使入出境管理职权的职能部门，是国家的门户。

它的任务是维护国家主权、安全和社会秩序，发展国际交往，对一切入出境人员的护照、证件和交通运输工具实施检查、管理和口岸查控，防止非法入出境。

一、入境检查

公安边防检查部门对外国人、港澳同胞、台湾同胞、海外侨胞，中国公民因公、因私入出境，进行严格的证件检查。

外国人来中国，应当向中国的外交代表机关、领事机关、或者外交部授权的驻外机关申请办理签证(互免签证的除外)。外国人到达中国口岸后，要接受边防检查站的检查。

(一) 护　照

护照(Passport)是一个国家的公民出入本国国境和到国外旅行或居留时，由本国发给的一种证明该公民国籍和身份的合法证件。护照一词在英文中是口岸通行证的意思。也就是说，护照是公民旅行通过各国国际口岸的一种通行证明。而由于某些原因无法为公民颁发护照时，世界上一些国家通常会颁发代替护照的通行证件。常见的替代证件有：旅行证、难民证、临时身份证明(临时护照)等。

1. 护照的种类

各国颁发的护照种类不尽相同，主要有外交护照(Diplomatic Passport)、公务护

照(Service Passport)、官方护照(Official Passport)、特殊护照(Special Passport)和普通护照(Normal Passport/Passport)等。

中国的护照分为外交护照、公务护照和普通护照。

外交护照主要发给副部长、副省长等以上的中国政府官员，党、政、军等重要代表团正、副团长以及外交官员、领事官员及其随行配偶、未成年子女、外交信使等。公务护照主要发给中国各级政府部门的工作人员、中国驻外国的外交代表机关、领事机关和驻联合国组织系统及其有关专门机构的工作人员及其随行配偶、未成年子女等。

普通护照又分因公普通护照和因私普通护照。因公普通护照主要发给中国国营企业、事业单位出国从事经济、贸易、文化、体育、卫生、科学技术交流等公务活动的人员、公派留学、进修人员、访问学者及公派出国从事劳务的人员等；因私普通护照发给定居、探亲、访友、继承遗产、自费留学、就业、旅游和其他因私人事务出国和定居国外的中国公民。

2. 护照的内容

护照本身的内容，各个国家都比较相近。封面印有国徽和国家的全称及护照种类的名称，封底都印有使用护照的注意事项，封里一般都印有“请各国军政机关对持照人予以通行的便利和必要的协助”等。

中华人民共和国护照的第1页有持照的护照号码、姓名、性别、身份、婚姻状况、出生日期、出生地点、有效期至和身份证号码等，并贴有本人照片；第2页印有“中华人民共和国外交部请各国军政机关对持照人予以通行的便利和必要的协助”字样并附有英文译文；此外，还有签发日期、签发地点和发照机关的盖章；第3页是关于偕行儿童的姓名、性别、出生日期、加注日期，并贴有儿童照片；第4页和第5页是延期页；第6～8页是备注页；第9～32页是签证页；最后一页是注意事项，其内容是：

① 护照为重要身份证件，应妥为保存使用，不得损毁、涂改、转让。

② 颁发护照和护照延期、加注及换发、补发由省、自治区、直辖市公安厅(局)及授权的公安机关和中华人民共和国驻外国的外交代表机关、领事机关或者外交部授权的其他驻外机关办理。

③ 已经在外国定居的公民要及时向中国驻外国的外交代表机关、领事机关办理加注手续。

④ 护照遗失应立即向当地公安机关或者中国驻外国的外交代表机关、领事机关报告。

最后是持照人的职业、籍贯、身高、眼睛和头发的颜色、显著特征等。此外，护照内一般还包括“偕行儿童”的照片、姓名、性别、出生日期、加注日期等。

由于各国的护照都允许到期后可以延期，所有护照内都有延期专页和备注专页。为了方便各国颁发签证，护照内包括许多签证页，每一页上都印有“VISA”字样。

3. 护照的有效期限

护照不是永久的证件，都有一定的有效期限。护照在有效期内是具有法律效力的证明，即为有效护照，否则即为无效护照，不具备法律效力。

各国护照的有效期不尽一致，一年、两年、三年、五年期的都有，也有十年内有效的。我国护照的有效期有两年期和五年期的。

一般地说，各国使（领）馆在颁发签证时都要求护照的有效期必须在六个月以上。如果护照有效期不足六个月的，则必须先到公安机关申请延期后，再到领事馆申办签证。

4. 护照的合法性

护照在有效期内是具有法律效力的证明，即为有效护照，否则为无效护照，不具备法律效力。

（二）签　证

1. 签证的定义

签证（Visa），是一个国家的主权机关在本国或外国公民所持的护照或其他旅行证件上的签注、盖印，以表示允许其出入本国国境或者经过本国国境的手续，也可以说是颁发给他们的一项签注式的证明。概括地说，签证是一个国家的出入境管理机构（例如移民局或其驻外使领馆），对外国公民表示批准其入境所签发的一种文件。护照是持有者的国籍和身份证明，签证则是主权国家准许外国公民或者本国公民出入境或者经过国境的许可证明。

2. 签证的种类

签证的种类较多，具体从以下几个方面介绍：

（1）根据出入境情况划分

可分为出境签证、入境签证、出入境签证、入出境签证、再入境签证和过境签证六种类别。

① 出境签证只许持证人出境，如需入境，须再办入境签证。

② 入境签证即只准许持证人入境，如需出境，须再申办出境签证。

③ 出入境签证的持证人可以出境，也可以再入境。

④ 多次入出境签证的持证人在签证有效期内可允许入出境。

当一国公民在国际间旅行，除直接到达目的地外，往往要途经1～2个国家才能最终进入目的地国境。这时不仅需要取得前往国家的入境许可，而且还必须取得途经国家的过境许可，这就称之为过境签证。关于过境签证的规定，各国不尽相同。不少国家规定，凡取道该国进入第三国的外国人，不论停留时间长短，一律需要办理签证。按照国际惯例，如无特殊限制，一国公民只要持有有效护照、前往国入境签证或联程机票，途经国家均应发给过境签证。

（2）根据出入境事由常规划分

可分为：外交签证、公务签证、移民签证、非移民签证、礼遇签证、旅游观光签证、工作签证、留学签证、商务签证以及家属签证等。每个国家具体情况并不相同。获得移民签证的，是指申请人取得了前往国的永久居留权，在居住一定时期后，可成为该国的合法公民。非移民签证则可分为商务、劳务、留学、旅游、医疗等几个种类。

(3) 根据时间长短划分

可分为:长期签证和短期签证。长期签证的概念是,在前往国停留3个月以上。申请长期签证不论其访问目的如何,一般都需要较长的申请时间。在前往国停留3个月以内的签证称为短期签证,申请短期签证所需时间相对较短。

(4) 依据入境次数划分

可分为:一次入境和多次入境签证。

(5) 依据使用人数划分

可分为:个人签证和团体签证。

(6) 依据为持有人提供的方便划分

可分为:另纸签证、落地签证、反签证等。

另纸签证也是签证的一种形式,一般签证多为在护照内页上加盖签章或粘贴标签,而另纸签证是在护照以外单独签注在一张专用纸上,它和签注在护照上的签证具有同样的作用,但必须和护照同时使用。

落地签证指在前往国的入境口岸办理签证(又称口岸签证)。一般说来,办理落地签证,需要邀请人预先在本国向出入境管理部门提出申请。批准后,将批准证明副本寄给出访人员。后者凭该证明出境,抵达前往国口岸时获得签证。

反签证是指由邀请方为来访人员在前往国国内的出入境管理部门办好签证批准证明,再连同申请人的护照、申请表格等材料呈递该国驻来访人员国家使领馆。驻来访人员国家使领馆凭批准材料,在申请人护照上签证,无须请示国内相关部门。一般来说,获得反签证就意味着入境获得批准,护照送交前往国驻华使馆后也不用等太长的时间。

除以上种类外,还有互免签证的情况。互免签证是随着国际关系和各国旅游事业的不断发展,为便利各国公民之间的友好往来而发展起来的,是根据两国间外交部签署的协议,双方公民持有效的本国护照可自由出入对方的国境,而不必办理签证。互免签证有全部互免和部分互免之分。

(三) TWOV

根据之前所学习过的航空专业代码,TWOV是Transit Without Visa的简写,即过境无需签证。国际旅行的行程往往非常复杂,有的航站与航站之间并没有直通的航班,这就需要旅客多次换乘飞机才能抵达。不同国籍的旅客在不同国家之间中转换乘飞机,这其中的旅行规则是非常复杂的。但大多数情况下,如果旅客符合相应的条件,在中转国家是无需办理签证的。这就是TWOV概念的由来。那么旅客在中转时TWOV都需要满足哪些条件呢?主要有以下几点:

① 旅客要在出发前购买所有航段的机票,并确定好座位。

② 转机时间在24小时之内。

③ 转机期间不得离开机场。

④ 旅客要持有最终目的地国所需要的入境旅行证件。

并不是所有国家在接受所有别国旅客时都可以根据这四点免除过境签证，TWOV 的这四点要求也要视情况而定。比如中国公民在英国转机即使满足上述四个条件，仍需要持有英国签证方能在英国转机。具体情况需要以 Timatic 作为依据。

（四）申根国家及申根签证

申根签证是指签署《申根协定》的欧洲国家所发出的签证，而这些国家则称作“申根国家”或者“申根公约国”。截止 2009 年，“申根国家”有 25 个，分别是：奥地利、比利时、丹麦、芬兰、法国、德国、冰岛、意大利、希腊、卢森堡、荷兰、挪威、葡萄牙、西班牙、瑞典、匈牙利、捷克、斯洛伐克、斯洛文尼亚、波兰、爱沙尼亚、拉脱维亚、立陶宛、马耳他、瑞士。

根据《申根协定》，在这些国家之间的边境上，已取消了签证检查。这就是说，如果你持有在法国使馆获得的申根签证，你可以由法国跨过边境进入德国、意大利、比利时等国家而不需要另外的签证。当然你还可以继续旅行，从比利时进入荷兰。但是如果你想从法国进入英国（没有签署《申根协定》）然后进入德国，你首先就要查一下有没有英国签证，然后你的申根签证是一次进入还是多次进入的（single entry/multiple entry），因为一旦你离开“申根国家”，你的一次进入签证就用完了。理论上说，你可以在某一“申根国家”使馆（如法国）拿到申根签证后，由其他“申根国家”（如德国）入境和离开，你甚至不必进入法国。但你在申请签证时，必须向签证官证明你的主要目的地（main destination）或在没有主要目的地时的第一目的地（first destination）是你申请签证的国家。

申根签证种类有：

A 类（Type A）：一般为有效期 3 天以下，属于转机签，旅客不许出机场。

B 类（Type B）：过境签证。

C 类（Type C）：短期签证，有效期通常为 90 天或 90 天以内。

D 类（Type D）：长期单国签证。一般有效期 90 天或 90 天以上的，不需要检查回程机票。旅客可以在申根区域内转机，但本次行程的最终目的张是 D 类签证的签发国。

以上 ABC 三种签证需要同时与联程或回程机票配套使用。

（五）其他证件

① 大陆居民往来台湾通行证。

② 港澳同胞回乡证。

③ 中华人民共和国海员证。

④ 港澳同胞来往内地通行证（卡式）。

⑤ 中华人民共和国旅行证。

⑥ 中华人民共和国入出境通行证。

⑦ 台湾居民来往大陆通行证。

⑧ 中华人民共和国往来港澳通行证。

⑨ 因公往来香港澳门特别行政区通行证(红皮)。

⑩ 因公往来香港澳门特别行政区通行证(蓝皮)。

二、出境检查

① 外国人入境后应在签证有效期内离开中国。

② 中国人出境必须向主管部门申领护照,个人无论因公因私均须办好前往国签证,才能放行。

③ 外国对中国公民入境、出境、过境有专门规定。

三、阻止出入境

凡被认为入境后可能危害中国国家安全、社会秩序者,持伪造涂改或他人护照证件者,未持有效护照、签证者以及患有精神病、麻风病、艾滋病、性病等传染病,或者不能保障在中国期间所需费用者,边防检查站将阻止入境。

出境的人员如果是属于刑事案件的被告人或者犯罪嫌疑人,有未了结的民事案件的人,有违犯中国法律的行为尚未处理,经有关主管机关认定需要追究的人,未持有效证件或者持用他人证件的,以及持有伪造或者涂改的出境证件的人,边防检查站将阻止其出境。

四、交通运输工具的检查

交通运输工具入境、出境、过境必须从对外国人开放的或者指定口岸通行,接受边防检查机关的检查和监护。

航空器抵达中国前,交通运输工具负责人要负责向旅客分发入境登记卡,抵达后要向边防检查站提供旅客和机组名单。出境时办完值机手续后各航空公司负责办理值机手续的人员要向边防检查站书面报告旅客人数,经批准后方可离境。

五、安全检查

为确保航空器及乘客的安全,严禁乘客携带枪支、弹药、易爆、腐蚀、有毒、放射性等危险物品,旅客在登机前必须接受安全人员的检查,拒绝接受检查者不准登机,损失自负。

进入机场隔离区的迎送人员必须佩戴有效通行证件,并得到安全检查人员允许后方准进入,对无证者或违犯安全规定者,安全检查人员有权拒绝其进入或依法进行处理。

第三节 检验检疫

一、卫生检疫

卫生检疫，也称口岸卫生检疫，防止传染病由国外传入或由国内传出，保护人体健康。

卫生检疫包括对入出境人员、交通工具、运输设备和可能传播传染病的行李、货物、邮包以及进口食品等实施检疫查验、传染病监测、卫生监督、卫生处理和卫生检验。并为入出境人员办理预防接种、健康体检、签发证件，提供国际旅行健康咨询、预防急救药品等。

卫生检疫是一国政府为防止危害严重的传染病，通过入出国境的人员、行李和货物传入、传出、扩散所采取的防疫措施。

（一）卫生检疫查验管理

旅客出入境时，入出境交通工具和人员、集装箱、行李、货物、邮包等必须在最先到达或最后离开的过境口岸指定的地点接受医学检查和卫生检查检疫。

入境的交通工具和人员，须在最先到达的国境口岸接受检疫；出境的，须在最后离开的国境口岸接受检疫。检验检疫机构对未染有检疫传染病或者已实施卫生处理的交通工具，签发入境或者出境检疫证。

（二）传染病监测管理

检验检疫机构对入境、出境人员实施传染病监测，有权要求出入境人员填写健康申明卡、出示预防接种证书、健康证书或其他有关证件。

中国国境卫生检疫部门根据旅客来自国家或地区的不同，决定是否实施检疫。

对患有鼠疫、霍乱、黄热病的出入境人员，应实施隔离留验。对患有艾滋病、性病、麻风病、精神病、开放性肺结核的外国人应阻止入境。对患有监测传染病的出入境人员，视情况分别采取留验、发给就诊方便卡等措施。

（三）卫生监督和卫生处理

检验检疫机构负责对国境口岸和停留在国境口岸的出入境交通工具的卫生状况实施卫生监督。

检验检疫机构负责对发现的患有检疫传染病、监测传染病、疑似检疫传染病的入境人员实施隔离、留验和就地诊验等医学措施，对来自疫区、被传染病污染、发现传染病媒介的出入境交通工具、集装箱、行李、货物、邮包等物品进行消毒、除鼠、除虫等卫生处理。

（四）进口食品卫生监督检验

对已到达口岸的进口食品，按照我国卫生标准和卫生要求进行检查。

检验检疫机构对进口食品按食品危险性等级分类进行管理。

依照国家卫生标准进行监督检验，检验合格的，方准进口。

对不符合标准的食品，根据其检验结果的危害程度，实行退货、销毁、改为他用或加工处理。

二、动植物检疫

动植物检疫部门是代表国家依法在开放口岸执行进出境动植物检疫、检验、监管的检验机关，负责检疫进出中华人民共和国国境的动植物及其产品和其他检疫物，装载动植物产品和其他检疫物的装载容器、包装物以及来自动植物疫区的运输工具。

（一）动植物检疫的范围

具体产品如下：

动物：指饲养、野生的活动物，如畜、禽、兽、蛇、龟、鱼、虾、蟹、贝、蚕、蜂等。

动物产品：指来源于动物未经加工或者虽经加工但仍有可能传播疫病的产品，如生皮张、毛类、肉类、脏器、油脂、动物水产品，如制品、蛋类、血液、精液、胚胎、骨、蹄、角等。

植物：指栽培植物、野生植物及其种子、种苗及其他繁殖材料等。

植物产品：指来源于植物未经加工或者虽经加工但仍有可能传播病虫害的产品，如粮食、豆、棉花、油、麻、烟草、籽仁、干果、鲜果、蔬菜、生药材、木材、饲料等。其他检疫物：指动物疫苗、血清、动植物性废弃物等（装载动植物、动植物产品和其他检疫物质装载容器、包装物，以及来自动植物疫区的运输工具也包括在此范围）。

（二）国家禁止入境的动植物

1. 动物及动物产品类

（1）活动物（犬、猫除外），包括所有的哺乳动物、鸟类、鱼类、两栖类、爬行类、昆虫类和其他无脊椎动物及动物遗传物质。

（2）（生或熟）肉类（含脏器类）及其制品；水生动物产品。

（3）动物源性奶及奶制品，包括生奶、鲜奶、酸奶，动物源性的奶油、黄油、奶酪等奶类产品。

（4）蛋及其制品，包括鲜蛋、皮蛋、咸蛋、蛋液、蛋壳、蛋黄酱等蛋源产品。

（5）燕窝（罐头装燕窝除外）。

（6）油脂类、皮张、毛类、蹄、骨、角类及其制品。

（7）动物源性饲料（含肉粉、骨粉、鱼粉、乳清粉、血粉等单一饲料）、动物源性中药材、动物源性肥料。

2. 植物及植物产品类

（1）新鲜水果、蔬菜。

（2）烟叶（不含烟丝）。

（3）种子（苗）、苗木及其他具有繁殖能力的植物材料。

（4）有机栽培介质。

三、其他类

（1）菌种、毒种等动植物病原体，害虫及其他有害生物，细胞、器官组织、血液及其制品等生物材料。

（2）动物尸体、动物标本、动物源性废弃物。

（3）土壤。

（4）转基因生物材料。

（5）国家禁止进境的其他动植物、动植物产品和其他检疫物。

注：① 通过携带或邮寄方式进境的动植物及其产品和其他检疫物，经国家有关行政主管部门审批许可，并具有输出国家或地区官方机构出具的检疫证书，不受此名录的限制。② 具有输出国家或地区官方机构出具的动物检疫证书和疫苗接种证书的犬、猫等宠物，每人仅限一只。

（三）入境、出境、过境检疫管理

境外动物、动物产品在事先得到批准的情况下，允许途经中华人民共和国国境运往第三国。动物产品必须以原包装过境，在我国境内换包装的，按入境产品处理。根据《中华人民共和国动植物检疫法》及其实施条例，检验检疫机构对过境动物和动物产品依法实施检验检疫和全程监督管理。

1. 过境动物的检验检疫

过境动物必须是经输出国（地区）检验检疫合格的，并有输出国（地区）官方机构出具的动物检疫证书。过境动物须办理的检验检疫手续包括以下几种：

（1）办理过境检疫审批

动物入境前，货主或其代理人须直接向国家质检总局提出动物过境检疫申请，按要求填写《中华人民共和国动物过境检疫申请表》，说明拟过境的路线，并提供以下资料：

① 输出国官方机构出具的动物检疫证书复印件；

② 目的地或运输途经下一个国家、地区官方机构出具的动物进境检疫许可证或动物接收证复印件。

有以下情况者，过境申请不被批准：

① 输出国家、地区或进入中国国境前所途经国家、地区发生一类动物传染病、新发病或其他严重威胁我国畜牧业和人体健康的疾病，拟过境动物属该疫病的易感动物；

② 无输出国、地区官方检验检疫证书；

③ 无目的地或运输途经下一个国家、地区官方机构出具的动物进境检疫许可证或动物接收证。

(2) 入境报检

动物进境前或进境时,承运人或押运人应向动物过境检疫许可证指定的入境口岸检验检疫机构报检,并提供以下资料:

① 货运单;

② 有效的输出国官方动物检疫证书正本;

③ 输出国或途经国官方机构出具的过境动物使用饲料、铺垫材料检疫证书正本;

④ 国家质检总局签发的动物过境检疫许可证。

以上证单经审核合格,由入境口岸检验检疫机构签发《入境货物通关单》将过境动物调离到离境口岸。通关单上注明动物过境期间的检疫防疫要求。

无动物过境检疫许可证及输出国官方机构出具的动物检疫证书的,入境口岸检验检疫机构将不予受理报检,动物不得过境。动物过境检疫许可证超过有效期的,在规定期限内补办过境检疫许可手续后,可重新办理报检手续。

(3) 入境口岸现场检验检疫

动物到达前货主或其代理人要提前预报准确的到港时间,并做好通关和接卸准备。动物到达入境口岸后,口岸检验检疫人员将对过境动物实施现场检验检疫,未经现场检验检疫合格的,任何人不得擅自将动物卸离运输工具。现场检验检疫工作主要包括以下内容:

① 登机(轮)了解动物启运时间、港口、途径国家或地区,并与过境许可证的有关要求进行核对,向承运人了解饲养管理、病、死及饲料等情况;

② 查验产地国(地区)官方检疫证书、货运单、贸易合同等,核对是否货证相符;

③ 检查装载过境动物的运输工具、笼具是否完好并能防止渗漏,动物在吸血昆虫活动季节过境时,其运输工具、笼具还须装置有效的防护设施;

④ 在指定的场对过境动物进行临床检查,观察动物是否有传染病症状、死亡、流产、异常排泄物等,有传染病症状的,采样送检验室检验;

⑤ 对装载过境动物的运输工具、笼具、接近动物的人员,以及被污染的场地作防疫消毒处理;对过境动物的尸体、排泄物、铺垫材料及其他废弃物按防疫要求进行处理。经现场检验检疫合格的,同意卸离运输工具,运往指定的出境口岸。

如在现场检验检疫中发现以下情况的,按相应规定处理:

① 货证不符或不能提供有效产地国(地区)官方检疫证书的,不准过境;

② 临床检查发现动物急性死亡或有一、二类动物传染病、寄生虫病症状的,全群动物不准过境;

③ 经检查发现运输工具、笼具有可能造成途中散漏的,承运人或押运人应按检验检疫机关的要求采取密封措施,无法采取密封措施的,不准过境;

④ 过境动物的饲料、铺垫材料受病虫害污染的,做除害处理,无法处理的,不准过境和做销毁处理;

⑤ 动物到达前或到达时，产地国或地区突发动物疫情，按国家质检总局相关公告、禁令执行。

(4) 过境期间的检疫监督

检验检疫机构对过境动物实施全程监督，主要的监管要求包括：

① 过境期间，未经检验检疫机关同意，任何人不得将过境动物卸离运输工具；

② 过境动物须按指定路线在中国境内运输，口岸检验检疫机构对其在中国境内的运输全过程实施检疫监督管理，可根据《动物过境检疫许可证》的要求，派员监运过境动物至出境口岸，货主或其代理人须负责押运人员的一切费用；

③ 过境期间动物尸体、排泄物、铺垫材料及其他废弃物必须按照检验检疫机关的有关规定，进行无害化处理，不得擅自抛弃；

④ 上下过境动物运输工具的人员须经检验检疫机关允许，并接受必要的防疫消毒处理；

⑤ 需在中国境内添装饲料、铺垫材料的，应事先征得检验检疫机关的同意，所添装的饲料、铺垫材料应来自非疫区并符合兽医卫生要求。

动物过境途中发生一类动物传染病、寄生虫病的，全群扑杀，发生二类动物传染病、寄生虫病的，扑杀阳性动物。

(5) 离境检疫

过境动物离境时，承运人凭入境口岸检验检疫机构签发的《入境货物通关单》向出境口岸检验检疫机构申报，出境口岸检验检疫机构验证放行，不再实施检疫。

2. 过境动物产品的检验检疫

动物产品过境无需事先取得检疫许可证。承运人或押运人可在动物产品入境前或入境时向入境口岸检验检疫机构申请办理检验检疫手续。

(1) 入境报检

过境动物产品入境报检须提供以下资料：

① 货运单复印件；

② 有效的输出国官方检疫证书正本。

以上单证经审核合格的，入境口岸检验检疫机构签发《入境货物通关单》将货物调离到出境口岸。

(2) 入境口岸现场检验检疫

检验检疫机构在入境口岸按以下要求对过境动物产品实施现场检验检疫：

① 登机(轮、车)查询启运时间、港口、途径国家或地区，查看航行日志；

② 查验货证，检查货物品名、数(重)量、产地、包装规格、唛头等是否与单证相符；

③ 检查装载过境动物产品的运输工具、装载容器、包装是否完好并能防止渗漏；

④ 对装载过境动物产品的运输工具、装载容器、包装、装卸动物产品的人员，以及被污染的场地做防疫消毒处理；

⑤ 未经检验检疫机关同意，任何人不得拆开包装或将过境动物产品卸离运输工具。

发现以下情况者，不准过境：

① 货证不符，不准过境；

② 经检查发现运输工具、装载容器、包装有可能造成途中散漏的，承运人或押运人应按检验检疫机关的要求采取密封措施，无法采取密封措施的，不准过境；

③ 发现货物被一、二类病虫害污染的，做除害处理，无法处理的，不准过境。

经现场检验检疫合格，同意卸离运输工具，运往指定的出境口岸。过境期间，未经检验检疫机关同意，任何人不得拆开包装或将过境动物产品卸离运输工具，必要时入境口岸检验检疫机构可对过境动物产品施加封识。

(3) 离境检疫

过境动物产品离境时承运人凭入境口岸检验检疫机构签发的《入境货物通关单》向出境口岸检验检疫机构申报，出境口岸检验检疫机构验证放行，不再实施检疫。

第四节　TIM

TIM 全称为 Timatic，是国际航协编辑整理的关于国际旅行规则方面的公开出版物，主要根据旅客的目的地、转机点、国际旅行证件和居住国家等情况来提供个性化的旅行信息检索。目前 TIM 已经成为行业操作人员处理此类问题的标准和依据。TIM 最显著的益处是减少了移民局对航空公司的罚款，而这些罚款一般都是由于航空公司接收不符合入境规则而被遣返的旅客造成的。TIM 一方面可以帮助航空公司员工在为旅客办理手续时确认其旅行证件是否合格，另一方面旅客也可以在预订机票前根据自身情况查询 TIM，做好旅行准备。

TIM 主要包含的内容有：

① 旅客国际旅行护照要求。

② 旅客国际旅行签证要求。

③ 旅客国际旅行检验检疫要求。

④ 旅客国际旅行海关要求。

⑤ 旅客国际旅行税收要求。

⑥ 旅客国际旅行携带现金要求。

目前 TIM 已经作为主要程序集成在航空电脑服务器之中，并且可以接入到航空公司票务系统和离港系统及其他旅行代理人的系统之中，以便于查询使用。

思考题

1. 联检服务的内容包括哪些？
2. 简述海关和边防的任务。

3. 签证一般有哪几种？

4. 请叙述 TIM 的内容。

案例分析题

郭小姐带着她的宠物狗准备办理登机手续，说说你如何为她服务。

实训题

以小组为单位进行出境和入境联检的模拟训练，其中一人模仿旅客。

训练内容：联检各环节的服务工作。

训练要求：

1. 每个同学轮流模仿在联检各个部门工作和模仿旅客。

2. 模仿旅客的同学根据自己接受服务的感受，对各环节的同学的服务表现进行评价。

3. 训练后进行归纳和点评。

第五章　空港值机工作实务综合训练

一、填空题

1. 世界上航空公司之间最大的非政府、非盈利性国际民间组织简称________。

2. 航线的种类有：__________、__________、____________。

3. 对于跑道来说飞行区等级的第一位数字表示所需要的飞行场地长度，第二位字母表示__________________。

4. 出生不到的___________婴儿，怀孕超过___________的孕妇不予以售票。

5. 根据三字代码写出对应城市或根据城市名写出对应三字代码。

JHG	西双版纳	LJG	丽江	KHN	南昌	HGH	杭州	DYG	张家界

6. 少收行李分为___________和___________。

7. 担架旅客的电报简语是_______________。

8. 电子客票状态 REFUND _______________。

9. 夏秋季班期时刻表，在________________的最后一个星期日开始使用。

10. 根据国际民航的有关规定及惯例，飞机关舱门后____________________允许有正负分钟的时间差。

11. 对于额定能量为千瓦小时的大型锂电池，经航空运营人批准后，每人携带备用电池的数量不超过两块。

二、单项选择题

1. 电子客票变为 LIFT/BOARDED 状态，离港系统做了什么操作？(　　)

   A. CCL　　B. CI　　C. CC　　D. PA

2. 如果出现候补旅客代码为 WTL，应检查 SY 中哪项数值？(　　)

   A. UWT　　B. UAW　　C. CAP　　D. GS

3. 国际运输中婴儿票对应的免费行李三边之和不超过(　)CM。

   A. 100　　B. 115　　C. 158　　D. 273

4. 汕头—成都航班经济舱的正常票价为 1020 元，一名旅客携带行李总重量为 90 公斤，该旅客应交付的逾重行李费是(　　)元。

   A. 1050　　B. 1071　　C. 1295　　D. 1350

5. 每一趟航班只能限载(　　)名 WCHC 或 WCHS 轮椅旅客。
A. 0　B. 1　C. 2　D. 不限
6. 占用每一个座位的外交信袋的总重量不得超过(　　)公斤。
A. 50　B. 72　C. 75　D. 10
7. 离站时间是(　　)时间。
A. 航班起飞时间　B. 航班关门时间
C. 航班结载时间　D. 航班登机时间
8. 担架旅客的免费行李额是(　　)公斤。
A. 20　B. 30　C. 40　D. 60
9. 航班超载时首先考虑拉下的是(　　)。
A. 旅客　B. 行李　C. 邮件和货物　D. 机组人员
10. AHL 电报代码代表的是(　　)。
A. 速运行李报　B. 多收行李报
C. 少收行李报　D. 座位占用报
11. 航程为 CTU—BAV—SHE 的 CZ6456 航班在包头经停时,由于雷雨天气取消飞行,应(　　)。
A. 免费安排旅客食宿　B. 免费安排旅客食宿,餐食自理
C. 免费提供饮料,旅客食宿自理　D. 协助安排旅客食宿,费用自理
12. 一位旅客带一名婴儿,婴儿票面正常显示(　　)。
A. OK　B. NS　C. RQ　D. SA
13. 下列不可以作为行李运输的物品是(　　)。
A. 衣物　B. 外交信袋　C. 洗漱用品　D. 肉类
14. 国际民航组织的英文缩写是(　　)。
A. ICAO　B. ITCO　C. ICTA　D. IATA
15. 绵阳离港控制室在对 CZ6418 航班进行初始化操作显示“FLT CANELED”,表示:(　　)。
A. CZ6418 航班的 T－CARD 还没有建立
B. CZ6418 航班的 T－CARD 还没有生效
C. 该航班号不正确
D. 控制室重新建立 CZ6418 航班 T－CARD 之前,没有删除该航班的初始化
16. 大面积航班延误条件(　　)。
A. 2 小时以上,5 个航班以上　B. 2 小时以上,6 个航班以上
C. 4 小时以上,8 个航班以上　D. 4 小时以上,10 个航班以上
17. 行李到达次日起,超过(　　)仍人无人认领,承运人可按照无法交付行李的有关规定处理。

A. 90　B. 60　C. 30　D. 15

18. 海南航空股份有限公司的票证代码(　　)。

A. 479　B. 784　C. 880　D. 999

19. 酒醉旅客被拒绝登机,需要退票时,应按(　　)处理。

A. 自愿退票　B. 非自愿退票

C. 误机处理　D. 责任自负

20. 每位旅客免费随身携带物品的重量以(　　)公斤为限。持公务舱客票的旅客,每人只能随身携带(　　)物品。

A. 10;1件　B. 5;1件　C. 5;2件　D. 10;2件

三、多项选择题

1. 多航段航班,打印两张登机牌,显示为不同的座位号,可能是以下哪种原因造成的?(　　)

A. 每段使用不同的机型

B. 在订座系统中,给单独一段预留了座位

C. 有一段被改为NS

D. 本段被改为手工

2. PA接收旅客变为候补,下面哪些选项是正确的?(　　)

A. 航班无可利用座位

B. 航班值机可利用业载不够

C. 航班为PC保护状态

D. 航班限制了登机人数限制

3. 通用航空,是指使用民用航空器从事公共航空运输以外的民用航空活动,包括从事(　　)。

A. 工业　B. 农业　C. 林业　D. 渔业

E. 气象探测　F. 飞行训练

4. 不得作为托运行李运输的物品有(　　)。

A. 贵重物品　B. 放射性物品　C. 枪支　D. 精密仪器、电器

5. 特殊旅客包括(　　)。

A. 犯人　B. 儿童　C. 孕妇　D. 病残旅客

6. 由于(　　)等原因,造成航班在始发地延误或取消,承运人应当为旅客提供餐食或住宿条件。

A. 机务维护　B. 航班调配　C. 机组　D. 商务

7. 多收行李的原因有(　　)。

A. 其他站错运至本站　B. 中途站错运

C. 行李牌错挂　D. 行李牌脱落

8. 航空客货运的区别以下正确的是(　　)。

A. 航空货运几乎是单向的,而乘客通常是来回程的

B. 货物运输通常在夜间进行,而旅客运输常常是在白天

C. 货物是被动的,而旅客自己可以在机场四处走动,自己上下飞机

D. 不同货物在重量和体积方面有很大的差异,而旅客在这方面则基本是一致的

9. 关于行李包装的描述不正确的是(　　)。

A. 用草绳捆扎牢固的竹篮可以作为行李托运

B. 两件旅行包系在一起可以作为一件行李托运

C. 行李包装内可以用锯末、谷壳等作衬垫物

D. 整箱酒外包装打包牢固可以作为行李托运

10. 计算机离港控制系统分为(　　)。

A. DCS　　B. CKI　　C. LDP　　D. FDC

11. 飞机机型按照飞机等级划分为(　　)。

A. 支线飞机　　B. 干线飞机　　C. 国际航线飞机　　D. 窄体飞机

四、判断题

1. (　　)IF 显示 FLT NBR 表示该航班未建立 T－CARD。

2. (　　)当航班 SY 显示 OE 和 OP 的状态时,该航班一定能够接收旅客。

3. (　　)航班起飞时间提前用 FU 修改却变为+1 第 2 天,是系统错误。

4. (　　)90(含 90)～200 个座位的客机在离站时间前 90 分钟开始办理手续,在离站时间前 30 分钟停止办理手续。

5. (　　)团体旅客自愿退票只限在原购票的售票处办理。

五、简答题

一名旅客办理乘机手续时,想托运一只宠物猫,执行该航班的机型是 B737－800,请问如何处理?

案例分析题

1. HU7123 航班执行 HAK－YIH－PEK,飞机经停 YIH 后重新登机,地面服务人员重新清点旅客人数时发现少一名旅客,作为一名值机员,请问如何处理?

2. 一旅客在某机场办理托运行李时,工作人员认为已给其行李挂上了行李牌,而旅客认为似乎没有,该工作人员告诉该旅客只要认识自己的行李到洛杉矶后便可将其取走。旅客到达洛杉矶机场,却没有找到自己托运的行李,经与该承运人查询得知,因"行李牌脱落",行李尚在始发地机场的行李库房内,对此,旅客要求对行李延误到达而造成的损失给予补偿。

请针对以上案例进行分析。

空港值机工作实务综合训练参考答案

一、填空题

1. IATA
2. 国际航线、地区航线、国内航线
3. 飞机的最大翼展和最大轮距宽度
4. 14 天,8 个月
5. 略
6. 到达少收行李和出发少收行李
7. STCR
8. 已退票
9. 三月
10. 15
11. 100～160

二、单项选择题

1. C	2. B	3. B	4. A	5. C
6. C	7. B	8. D	9. C	10. C
11. A	12. B	13. B	14. A	15. D
16. D	17. D	18. A	19. C	20. B
21. B				

三、多项选择题

1. AC	2. ABD	3. ABCDEF	4. ABC	5. ACD
6. ABCD	7. ABCD	8. ABCD	9. ABCD	10. BCD
11. ABC				

四、判断题

1. √　2. √　3. ×　4. ×　5. √

五、简答题

答:(1) 征得承运人同意;

(2) 检验检疫证明;

(3) 容器牢固,通风良好,能防止动物逃逸和粪便溢出;

(4) 宠物及其容器应按逾重行李收取费用;

(5) 不办理声明价值;

(6) 拴挂免除责任行李牌;

(7) 注意机型有无有氧舱位。

六、案例分析题

1. 处理方案:

(1) 多次广播,并与乘务长核实有无在经停站提出中止旅行的旅客。

(2) 查看舱单并和始发站核实过站人数。

(3) 从离港系统里提取过站旅客的人数和座位布局,要求过站旅客按座位入座,查找出未登机旅客,与始发站核实该名旅客是否有行李交运,拉下交运行李。

(4) 通报机长确认是否需要清舱,若不需要清舱,减掉该名旅客,修改舱单放行飞机。

2. 旅客未能在到达站取到行李,其直接原因是始发站工作差错。旅客怀疑其行李没有贴上行李牌,如果当时工作人员对旅客的提示能及时查看或通知行李房协助查对,漏装事故是可以避免的。因为按规定每一航班上收运的托运行李总件数必须与实际装机的数量相符,如不相符,应立即复核。该旅客在办理乘机手续时已提醒工作人员没有挂妥行李牌。该工作人员回答只要认识自己的行李到洛杉矶后便可将其取走,这样的回答是不正确的,也是极不负责任的。由于旅客未能及时取到行李,对给旅客途中造成的不便,承运人应主动向旅客道歉并按规定给旅客发放临时生活用品补偿费。

参考文献

[1] 张晓明.民航旅客运输[M].北京:旅游教育出版社,2010.
[2] 马广岭,王春.民航旅客运输[M].北京:国防工业出版社,2013.
[3] 綦琦.值机业务与行李运输实务[M].北京:国防工业出版社,2013.